기독교문서선교회 (Christian Literature Center: 약칭 CLC)는 1941년 영국 콜체스터에서 켄 아담스에 의해 시작되었으며 국제 본부는 미국 필라델피아에 있습니다. 국제 CLC는 59개 나라에서 180개의 본부를 두고, 약 650여 명의 선교사들이 이동 도서차량 40대를 이용하여 문서 보급에 힘쓰고 있으며 이메일 주문을 통해 130여 국으로 책을 공급하고 있습니다. 한국 CLC는 청교도적 복음주의 신학과 신앙 서적을 출판하는 문서선교기관으로서, 한 영혼이라도 구원되길 소망하면서 주님이 오시는 그날까지 최선을 다할 것입니다.

추천사 1

복된 삶의 능력을 증거하는 놀라운 간증서

김 영 구 목사
독일 프랑크푸르트 사랑의교회 원로

　이번에 우리 교회 정승식 장로님이 자서전 『독일 광산에서 캔 보화』를 내신다고 해서 놀랐다. 그러나 곧 장로님이 왜 책을 내셨는지 깨닫게 되었다. 바로 헛되고 헛된 이 세상에서 헛되지 않은 삶은 어떤 것이고, 그가 신실히 믿고 섬긴 복되신 주님을 온 천하에 알리고 증거하기 위함이었다.
　제가 독일에 처음 와서 프랑크푸르트 사랑의교회를 섬긴 지 얼마 안 되던 때였다. 그때 정 장로님 가족과 몇 가정이 우리 교회에 오셨다. 이미 믿음과 중심이 굳건하셨고, 우리 교회에 오셔서 맡은 직분을 성실히 섬기시며 귀한 역할을 감당하시다가 장로로 세움을 받으시고 충성하셨다. 시무 장로를 은퇴하신 후에는 그 아들이 대를 이어 장로가 되는 복을 받으셨다.
　이제 장로님과 권사님은 그의 두 아들과 자부와 손자 손녀들에게 가장 값진 믿음의 유산을 남기시는 믿음의 어른이 되셨다. 이같이 정 장로님은 하늘의 복과 땅의 복을 받으신 분이시다.
　필자는 이 책에 나오는 장로님이 겪으신 일을 들을 때 감동과 도전이 된다.

문경 산골의 가난한 삶 속에서 장남으로서 학교에 다니지도 못하면서 성장한 이야기, 목숨이 위협받는 전쟁터 월남을 오히려 두 번씩이나 지원해 다녀온 이야기, 앞이 보이지 않는 땅에서 파독 광부의 고생길을 희망의 끈으로 붙잡고 달려온 이야기, 독일 회사에서 동료 직원에게 인종 차별을 당하였으나 위축되지 않고 당당하게 맞선 이야기, 독일 땅에서 각종 사업을 하면서 겪은 수많은 고난과 위기를 극복한 이야기 등이 바로 그것이다.
　정 장로님의 삶은 현실에 안주하거나 운명에 굴복하지 않는 끊임없는 도전의 삶이었다. 장로님의 이야기가 감동이 큰 까닭은 평범하거나 좋은 환경에서가 아니라, 험악한 가난과 시련 가운데서도 굴복하지 않고 꿋꿋이 버티어 낸 인생 역전의 드라마와 같기 때문이다.
　장로님이 독일에 와서 미처 예상치 못했던 사건은 주님과의 만남이었다. 먼저 믿으신 권사님을 통해 교회로 인도받은 장로님은 구주 예수님을 모셔 들이고 하나님의 자녀가 되었고, 길을 찾던 장로님이 영원한 진리와 생명의 길을 발견한 것이다. 신앙은 그에게 새로운 세계를 열어주었다.
　원래 장로님은 성실하고 성품이 대쪽과 같이 꿋꿋하신 분이신데, 주님을 만나 위대한 목표와 가치를 붙드셨다. 그 결과 삶 속에서 주님의 인도하심을 받아 문제를 해결하고, 장벽을 돌파하는 기적적 스토리를 체험하셨다. 이렇게 빛으로 인도함을 받으신 장로님이 어둠 속에 헤매고 있는 여러 사람을 주께로 인도한 이야기가 놀랍다.
　장로님은 어려운 문제를 만나면 낙심하지 않고, 하나님의 말씀을 붙들고 힘써 기도하셨다. 때로는 특별한 문제를 놓고 40일 특별기도로 기도의 응답을 받은 놀라운 이야기도 있다.
　어떻게 그렇게 할 수 있을까?
　주께서 말씀하셨다.

> 할 수 있거든이 무슨 말이냐 믿는 자에게는 능치 못할 일이 없느니라(막 9:23).

이제 장로님은 말씀과 기도로 다가오는 위기를 기회로 만들고, 위대한 신앙의 세계를 드러내셨다. 장로님은 무척이나 겸손한 분이시기에 이 모든 일이 가능했던 것 같다. 모든 일에 말없이 모범을 보이며 직분을 감당하셨고, 사람 앞에 나서고 드러나는 화려한 역할이 아닌 오직 겸손한 섬김으로 장로로서 성도에게 표본이 되었다. 성도에게서 선거를 통해 장로 피택을 받으셨음에도 앞에 나와 본인은 부족한 게 많아 그 직분을 감당하기 어렵다고 사양하시는 말씀을 하실 정도다.

장로님은 주님을 만나 자기 생애가 하나님의 작품이 되게 하셨을 뿐 아니라, 이제 많은 사람에게 살아계신 하나님과 구주 예수 그리스도를 전하는, 하나님의 충성스러운 일군이 되셨다. 장로님의 생애를 계획하시고 주관하시는 하나님의 뜻을 온전히 이루어 드리는 삶이 된 것이다. 한 사람의 생애 속에서 우리 주님이 오시면 그가 어떤 사람이 될 수 있는지, 그의 생애에 어떤 가능성이 열리고 기적이 나타나는지 … 이 책은 그의 삶의 이야기를 통해 말해 준다.

이 책의 스토리들은 장로님과 함께하신 주님이 어떤 분이신지 증거하는 생생한 증언이다. 필자는 이 책에서 장로님의 생애에 우리 주께서 행하신 은총의 섭리와 손길을 볼 수 있었다. 장로님의 삶 속에 임하시고 함께하신 우리 주님이 얼마나 귀하신 분이신지, 저도 주님의 임재를 사모하고 그 자취를 흠모하게 된다.

저는 이 책이 바로 신앙인이 가지는 복된 삶의 능력을 증거하는 놀라운 간증서임을 믿는다. 아무쪼록 이 책을 통해 고달픈 현대를 살아가는 수많은 사람이 하늘의 위로와 격려를 받고, 예비된 축복의 삶을 살게 되기를 믿고 기대한다.

추천사 2

당신도 복을 누리시길 추천한다(마 16:17)

윤 태 호 목사
예수제자운동 대표

　인생의 마지막 오솔길에서 자기를 돌아보고 또박또박 일기장을 몽당연필로 눌러쓰는 것처럼 솔직함과 투박함을 담아 후손에게 그리고 사랑하는 이들에게 전하고픈 말을 남겨 놓았다. 자서전이란 자신의 인생과 삶의 모든 활동들을 직접 기록해 놓은 자기 고백서다. 내가 사랑하고 존경하는 정승식 장로님의 글을 보며 추천을 올리고자 한다.

　첫째, 자서전에서 순례하는 인생 나그네의 여정을 본다.
　저자의 지나온 삶에서 매 순간 예수님을 의식하지 않았다면 저자는 고단한 삶을 지탱해 나갈 수 없었을 것이다. 그러나 저자는 자기가 믿는 하나님의 영광과 능력을 철저하게 신뢰했기에 매일 겪는 내일의 불확실함과 미래의 불안을 주께 의뢰하면서 매일 매일 긴장감이나 두려움 없이 성큼성큼 현실 속으로 걸어 나갔다.
　순례자는 하나님을 향한 목적지를 가지고 걷는 사람이다. 이 책은 은혜 안에서 자라나고 성장했으며 자기 연약함과 부족함을 의식하며 하나님의 강하심과 능력을 의지하는 철저한 신앙고백서다. 하나님의 은혜 안에서 성장해 가는 아름다운 모습과 죄악의 세속에서 저자의 믿음이 더 깊어지고 그의 삶의 열정이 강해지며, 그의 소망이 더 분명해지고 갈등과 실패의 이야기조차 솔직하게 담아내고 있다.

그는 분명 예수 안에서 연약함에도 승리한 순례자라는 것이 이 책에서 줄기차게 외치는 고백이다. 마지막 페이지를 덮으며 다음과 같은 '어거스틴'의 말이 생각난다.

> 하나님은 우리가 하나님의 축복을 간절히 바라는 것보다 더 간절히 우리에게 복 주기를 원하신다.

둘째, 자서전을 통해 굴곡 많은 한국 근대사의 여정을 보게 된다.

이 책은 한 개인의 자서전이 개인의 담론만이 아니라 역사와 국가라는 거대한 소용돌이 속에서 어떻게 만들어져 가는지 볼 수 있는 서사와 같다. 저자가 태어났던 시대는 한국 전쟁과 4·19 혁명, 5·16 군사 쿠데타, 유신과 독재 정권 그리고 민주화 운동과 선진국 대열에 진입하는 한국 근대사의 모든 장면을 담고 있다.

개인사에서 가난과 무지와 고통이 있던 암흑의 시대를 관통하는 여정 속에 정규교육을 받을 수 없는 가난함과 가출, 서울로의 탈출은 60년대의 시대상을 보여 주고, 월남전쟁을 두 번씩이나 참전했던 눈물의 빵을 먹은 이십 대 젊은이 이야기의 먹먹함과 독일에 광부로 떠나는 기막힌 사연은 영화 〈국제시장〉을 뛰어넘는 한국 역사의 아픔을 드러내는 대목이다. 읽으면서 함께 동화되는 인생극장의 주인공을 저자에게서 본다.

독자들이 저자의 인생이 정말로 힘든 것이라는 것을 알게 되었을 때, 인생은 고통이며 슬픔으로만 구성되지 않고 인간을 향한 사랑과 행복과 꿈을 향한 공간의 역사라는 것을 알게 된다. 그래서 저자의 독일 생활 이야기가 생존 투쟁과 성공 시대를 향한 아름다운 이야기로 종결되기에 이 자서전은 우리에게 격동과 희망, 도전과 행복을 향한 폭주 열차를 타는 기쁨을 누리게 한다.

셋째, 격렬한 인생 역정의 마지막 이야기는 우리를 행복으로 인도한다.

저자는 이국땅 독일에서 삶의 뿌리를 내리기로 작정하고 사랑하는 아내를 만나 가정을 꾸리고 두 아들을 통해 가족을 세워가며 겪었던 에피소드를 통해, 독자들에게 현실에서 만들어지는 하나님의 은혜와 사랑과 자비를 경험하게 된다. 그의 신앙이 살아 움직이는 것을 보게 된다.

저자는 쉼 없이 평생을 일했다. 그가 한 일이라고는 '매일 일하러 간 것뿐이다'고 말할 정도로 열심히 살았다. 독일 광부 생활에서부터 여러 직종과 사업 속에서 실패와 좌절이 더 많았지만, 마지막에 기막힌 성공과 승리를 얻었기에 스펙터클한 인생 역전을 본다. 실패와 좌절을 극복하는 고군분투의 질곡 속에 주님은 풍성하고 넘치는 축복으로 아내와 두 아들 그리고 3대를 이어가는 손주들의 행복한 이야기로 자서전은 끝을 맺는다.

저자는 매 순간마다 하나님을 중심으로 모시는 올바른 삶과 올바른 생각과 함께 시작하고 끝을 맺었다. 하나님을 사랑했던 저자는 하나님이 자기와 함께하신다고 확신했기에 하나님을 위해 풍성한 삶의 결실과 열매를 가정에서 일구었던 가장 행복한 남편이요 아비가 되었다. 그는 하나님의 은혜 속에서 자기 생애를 담담히 이야기하지만, 글 속에 넘쳐나는 주님을 향한 찬양과 감사와 기쁨과 행복이 있기에 기꺼이 귀한 자서전을 추천한다.

추천사 3

독일로 보내신 아브라함

박동은 목사
독일 프랑크푸르트 사랑의교회 담임

　사랑하고 존경하는 정승식 장로님의 자서전 『독일 광산에서 캔 보화』를 읽으며 마음에 큰 울림이 있었다. 삶의 고독 속에서 이 땅의 파란만장한 삶을 살아가셨던 정승식 장로님 그러나 하나님은 그를 외면치 않으시고, 독일 땅으로 부르셔서 아브라함처럼 세우시고 큰 축복을 누리게 하셨다. 그것은 하나님의 사랑이었고, 그분의 손길이었다. 깊은 절망과 고난 속에서도 다윗처럼 주께 매달리므로 많은 기도의 응답을 받았다.

　오늘날 모든 것이 풍족한 삶 속에서도 주님을 경험할 수 없는 성도에게 큰 도전이 된다. 전도의 열정으로 만나는 사람들을 교회로 인도하며 기쁨을 누리는 장로님을 보면서 이 땅에 우리 모두를 추수꾼으로 보내셨음을 깨닫게 하셨다.

　이 책은 내용이 쉽고 재미있어서 한 번 책을 잡으면 단숨에 읽게 된다. 또한, 신앙생활을 하는 데 있어 하나님의 살아계심을 체험하는 것이 얼마나 중요한지도 알게 된다. 인생의 폭풍과 절망 속에 계시다면 이 책을 선물로 드리고 싶다. 이 책을 읽는 이들이 정 장로님의 주를 향한 열정에 도전을 받고 주님의 부르심에 응답하며 놀라운 은혜의 자리로 나아가시기를 축복한다.

> 아버지에게 보내는 편지

"사랑하고 존경하는 아버지에게"

이곳 미국 땅에 와서 2번째 아버지학교에 참석하게 되었습니다. 너무 축복되고, 은혜로운 시간이었습니다. 그리고 다시 한번 저의 인생에 아버지가 얼마나 중요한 인물인지 깨달았습니다.

아버지의 믿음과 기도 덕분에 제가 가족과 함께 미국까지 왔습니다. 그리고 이곳에서 너무 좋은 시간을 보내게 되었습니다. 아버지의 기도를 통해 모든 일이 잘 풀리고 이제, 한 달 뒤에는 다시 독일로 돌아가게 됩니다. 마치 다윗이 다 준비한 성전 건축을 제가 솔로몬 같이 실천하는 것, 아버지처럼 아브라함과 같은 믿음의 걸음을 제가 이삭이 되어 이제 이어가는 것 같습니다. 아버지의 믿음을 통해 저와 바울이가 이렇게 사업을 하고 성공할 수 있었습니다.

저희 가정에 믿음의 조상이신 아버지처럼 저와 바울이도 우리 가족, 특별히 우리 자녀들을 믿음 안에서 키우겠습니다. 어머니, 아버지! 사랑합니다. 그리고 한 달 뒤에 다시 뵙겠습니다.

2018. 4. 21.
첫째 아들 일 드림

* * *

"고마워라, 임마누엘! 예수만 섬기는 우리 집"

아버지의 살아오신 스토리를 책으로 출간하게 됨을 축하드립니다. 신앙이 중심이 되어 아빠의 그늘에 자라온 나 자신을 돌아보게 되었습니다. 과거를 돌아보면 아버지와 친숙한 때도 있었지만 때로는 우리가 이해할 수 없는 아버지의 요구를 잘 받아들이지 못하고 마음의 섭섭함도 있었지만, 세월이 지나면서 그때마다 아버지의 살아오신 사연들을 들으니 조금씩 이해가 됩니다.

그 모든 것은 자녀의 미래를 걱정하셔서 그렇게 하셨다는 것을 깨달아 가고 있습니다. 아버지, 감사합니다. 우리를 확고한 믿음으로 잘 키워 주셨습니다. 저는 지금도 기억납니다. 늘 밤늦도록 성경책을 보고 계시던 아버지의 모습을요. 부모님께서 하셨던 모습들이, 지금 우리의 신앙을 잡아 주고 있습니다. 우리도 아버지, 어머니의 신앙을 본받아 예수만 섬기는 가정이 되도록 하겠습니다.

아버지, 어머니 사랑합니다!

2024. 1. 23.
둘째 아들 바울 드림

독일 광산에서 캔 보화

영화 <국제시장>의 산증인, 정승식 장로의 삶과 철학

The treasure I found in a German mine
Written by Sung Sik Jung
All rights reserved.
Korean Edition Copyright ⓒ 2024 by Christian Literature Center, Seoul, Korea.

독일 광산에서 캔 보화
영화 <국제시장>의 산증인, 정승식 장로의 삶과 철학

2024년 2월 29일 초판 발행

| 지 은 이 | 정승식

| 편 집 | 도전욱
| 디 자 인 | 서민정, 이수정
| 펴 낸 곳 | (사)기독교문서선교회
| 등 록 | 제16-25호(1980. 1. 18.)
| 주 소 | 서울특별시 동대문구 천호대로71길 39
| 전 화 | 02-586-8761~3(본사) 031-942-8761(영업부)
| 팩 스 | 02-523-0131(본사) 031-942-8763(영업부)
| 이 메 일 | clckor@gmail.com
| 홈페이지 | www.clcbook.com
| 송금계좌 | 기업은행 073-000308-04-020 (사)기독교문서선교회
| 일련번호 | 2024-11

ISBN 978-89-341-2647-8 (03230)

이 책의 출판권은 (사)기독교문서선교회가 소유합니다.
신저작권법에 의하여 한국 내에서 보호를 받는 저작물이므로 무단 전재와 무단 복제를 금합니다.

The treasure
I found in a German mine

영화 〈국제시장〉의 산증인,
정승식 장로의 삶과 철학

독일 광산에서 캔 보화

정승식 지음

복된 삶의 능력을 증거하는 놀라운 간증서

야베스가 이스라엘 하나님께 아뢰어 이르되 주께서 내게 복을 주시려 거든 나의 지역을 넓히시고 주의 손으로 나를 도우사 나로 환난을 벗어나 내게 근심이 없게 하옵소서 하였더니 하나님이 그가 구하는 것을 허락하셨더라(대상 4:10).

CLC

목차

추천사 1 **김영구 목사** | 독일 프랑크푸르트 사랑의교회 원로 • *1*
추천사 2 **윤태호 목사** | 예수제자운동 대표 • *4*
추천사 3 **박동은 목사** | 독일 프랑크푸르트 사랑의교회 담임 • *7*
아버지에게 보내는 편지 • *8*

들어가는 말 • *15*

제1장 소망의 우물을 파는 삶 • *19*
하늘 아래 첫 동네 • *20*
화전민 생활을 청산하다 • *28*
꿈속에 인생 동력이 있다 • *34*
가출 • *38*
희망이라는 이름의 서울 생활 • *43*

제2장 새로운 길을 찾는 삶 • *49*
월남전 1차 파병 • *50*
전선의 밤, 월남에서 부르는 노래 • *58*
월남전 2차 파병 • *61*
또 다른 인생 항로, 파독 광부 • *65*
독일에서 무엇을 먹나? • *71*

제3장 영혼의 신비를 맛보는 삶 • 76

부부 그리고 가정 • 77
엉겁결에 예수를 믿다 • 83
회심의 역사 • 92
아들의 출산과 응답 • 97
한국에서 술친구들을 만나다 • 101

제4장 가정 안에서 축복을 누리는 삶 • 107

아빠, 제발 친구들 앞에서 기도하지 마세요 • 108
천국 같은 가정! • 115
아버지와 아들 • 120
"결혼이 장난이에요?" • 126

제5장 전도로 기쁨 얻는 삶 • 133

독일로 탈출한 사우디 노동자를 전도하다 • 134
예비된 영혼, 박 형 • 140
전도가 되어집니다 • 147
은행 상사 주재원 가정을 전도하다 • 150

목차

제6장 믿음의 시련을 견디는 삶 • *155*
삶이 변하는 예배란? • *156*
Tornado 전투기 터빈 회사에서 • *164*
점포 안에 불이 나다 • *171*
더 어려운 고난은 시작되고 • *177*
교회 성도에 대한 원망 • *183*
놀며 행운만을 기다리지 말라 • *188*

제7장 축복과 은혜로 행복한 삶 • *193*
김치죽의 추억 • *194*
독일 항공사에 입사하다 • *198*
집 구매의 은혜 • *204*
항공사에서의 조기 은퇴 • *207*
새 호텔에서 새로운 도약 • *211*
부부 사이에 존재하는 악한 영 • *221*
장로 은퇴를 하며 • *225*
아버지의 마음 • *229*

나가는 말 • *233*

들어가는 말

'나는 어디서 왔으며, 어디로 가는 것일까?'
'죽음은 무엇을 말하는 것일까 죽으면 흔적도 없이 사라지는 것일까?'
'일반 사람들의 말처럼 귀신으로 남는 것인가, 만약에 귀신으로 남는다면 어떤 형태로, 언제까지며 무엇을 하는 것일까?'

 말로 다할 수 없는 의문의 꼬리는 늘 나를 괴롭게 했다. 그렇게 번뇌하던 문제가 예수를 만나니 인류의 인간사와 모든 해답이 그분 안에 있다는 진리를 깨달으며 놀라움을 금치 못했다. 이것이 성경에서 모든 인간에게 외치는 진리라는 사실도 깨닫게 되었다.
 나의 유년기의 성장 과정을 한마디로 말한다면 사회문화적인 배움의 환경에서 소외된 삶이었다. 내 인생의 세세한 이야기들이 이 책 속에 담겨 있다. 나의 지나온 삶은 어떤 형식에 매여 있지 않다. 그래서 나름의 철학을 만들어 살아왔다.
 옛 격언에 '남자의 말 한마디는 천금보다 더 값지다'는 말이 있다. 그래서 나는 말은 행동이며 삶이고, 그 사람의 인격이라는 원칙을 세우고 사람들을 대하곤 했다. 내 삶의 실천 원칙 중 몇 가지를 소개한다.

첫째, 내가 한 말에 책임을 진다.
둘째, 말에 대한 신뢰 관계를 철저하게 지킨다. 그렇게 해야 미래가 열린다.
셋째, 아무리 좋은 것이라 해도 한 번 더 생각해 보고 행동한다. 그러나 때로는 즉각 행동하지 않으면 기회를 놓칠 때도 있다. 이때는 곧바로 행동으로 실천한다.
넷째, 가족의 생계는 내가 책임진다.
다섯째, 세상에 공짜가 없기에 노력하지 않고 구하지 않은 사람은 아무것도 얻을 수 없다.

세상에 살면서 누구나 수많은 우여곡절을 경험한다. 또한, 누구에게나 기회라는 것이 찾아온다. 물론 그 기회가 슬쩍 우리 곁을 지나치기도 하지요.

기회에 대한 사람들의 반응 유형은 몇 가지가 있다. 기회를 알아채지 못해서 못 잡는 사람, 혹은 알지만 망설이다가 놓치는 사람, 혹은 알지만 두려워하여 잡지 못하는 사람, 혹은 다른 사람과 견주다가 인생을 허비하는 사람이 있다. 나는 기회를 잘 잡을 수 있는 용기와 결단을 가진 사람이야말로 참으로 복된 인생을 사는 자라고 말하고 싶다. 믿을 수 없는 세상에서 더 나은 삶을 살기 위해서는 하나님의 말씀이 있어야 한다. 나는 잠언 24:16의 말씀을 의지한다.

> 대저 의인은 일곱 번 넘어질지라도 다시 일어나려니와 (잠 24:16).

어릴 적부터 무신론자를 고집하며 살았던 나는, 결혼 후 예배와 성경을 통해 새로운 것을 깨닫게 되었다. 즉, 나를 창조하신 하나님이 존재하시고 살아계신다는 사실을 알게 된 것이다. 예수님을 믿는 삶으로 내 인생은 새롭게 변화되고 계획되었다. 하나님은 나를 사랑하시고 나의 삶에 개입하고 계시다는 말씀은 영적으로 잠자는 나에게 경각심을 갖게 했다. 처음 그분을 알았을 때 일단 살아 계시는 하나님께 내 모든 삶의 고뇌와 미래의 문제를 의탁하기로 결정했다.

그렇게 작정하며 살아온 내 인생 스토리가 이 책 속에 담겨 있다. 무에서 유로 날 인도하신 축복의 여정이라고 볼 수 있다. 내가 가장 좋아하는 성경 구절인 이사야 41:8-9의 말씀을 나의 표현으로 적어본다.

> 너는 내 종이다. 야곱의 사람아 내가 너를 선택하였다. 너는 내 친구 아브라함의 자손이다. 내가 너를 땅 끝에서 데려왔고 너를 먼 나라에서 불러냈다 그리고 너에게 말하기를 너는 나의 종이다 두려워하지 말라. 놀라지 말라. 나는 네 하나님이 될지라. 내가 너를 굳세게 하리라. 참으로 너를 도와주리라. 나의 의로운 오른손으로 너를 붙들리라(사 41:8-9).

하나님은 나를 선택했고 끝까지 버리지 않으셨다. 인생의 길목에서 나를 질식시킬만한 두려움과 고난이 있었지만, 그 와중에서도 진실로 나를 도우시는 하나님을 전적으로 의지했기에 걱정이 되지 않았다.

하나님은, 나와 맞서는 원수를 찾아봐도 찾지 못하게 하실 것이라고 말씀하신다. 나와 싸우던 사람들이 완전히 사라지게 할 것이라고 하셨다. 왜냐하면, 그분은 나를 도우신 여호와 하나님이고 나의 오른팔을 붙잡고 계시기 때문이다. 이 말씀은 내 삶의 승리의 노래이고 자랑이자 이정표가 되었다.

이 글을 책으로 출간하기까지 여러 생각을 했다. 나의 삶을 돌아보면 부끄럽고 내놓을 것도 없지만, 순간마다 에벤에셀 하나님이 함께하셨음을 고백한다. 특별히 하나님이 친히 보내주신 박경란 작가를 통해 부족한 제 삶을 지상으로 끌어올리는 데 용기를 얻었다.

나는 많이 배우지도 못했고 연약한 사람이지만 이 모든 것을 하나님 앞과 사람들 앞에서 부끄러워 할 필요 없이 내 가족과 자녀들과 모든 이들에게 솔직하고 싶다.

내 인생에서 가장 소중한 아내, 보석 같은 두 아들과 며느리들, 손주들에게 이 책을 선물하고 싶다. 또한, 내 인생의 이유가 되신 하나님께 모든 영광을 드리며 그분을 위해 나의 남은 삶을 드리길 소망한다. 끝으로 책을 출판해 주신 기독교문서선교회(CLC) 박영호 대표님께 진심으로 감사드린다.

2024년 1월
독일 프랑크푸르트에서
정승식

제1장

소망의 우물을 파는 삶

———

지금 생각해도 그때 삶은 힘들었지만
나는 실망하거나 불행하다는 생각을
하지 않았던 것 같다.
무언가 나에겐 좋은 일이 일어날 것이라는
긍정적인 생각이 늘 내 주위를 맴돌았다.
이유는 알 수 없었다.

하늘 아래 첫 동네

하늘 아래 첫 동네!

어린 시절의 첫 기억은 그곳에서 시작된다. 꼬불꼬불한 고갯길을 넘어 작은 계곡을 끼고 험한 산길을 오르면, 산자락에 억새 지붕이 납작 엎드려 있다. 해발 1,100미터 산꼭대기에서 불을 질러 밭을 일구던 화전민의 삶이 내 어린 시절의 한 페이지다. 동네와 떨어진 산속 생활을 한 탓에, 사회와 단절되어 외로움과 고독이 뼛속 깊이 자리잡았다.

하지만 한편으로는 사람들의 시선에서 멀어지고 싶은 소심함도 내 안에 존재했다. 성장기는 내 인생의 가장 부끄러운 시간이다. 그때 내 마음에는 뿌연 안개 같은 답답함과 고무줄처럼 늘어진 우울감이 가득했다.

나는 해방된 지 2년 후인 1947년에 태어났다. 경북 문경군 가은면 작천리에서 다섯 살 때까지 살았다. 가은면은 조선 시대에는 한양을 왕래하는 유일한 길이었고, 1973년에 가은읍으로 승격되었다. 근접한 문경새재는 옛날 과거를 보러 가는 영남 지방의 선비들이 사랑하는 길이었다.

당시 죽령으로 향하면 죽죽 미끄러지고, 추풍령으로 넘어가면 추풍낙엽처럼 떨어진다는 말이 있었다. 하지만 문경새재를 넘으면, 단어 그대로 경사를 전해 듣고 새처럼 비상한다는 미신이 있었다.

태어난 지 3년이 되던 해 전쟁이 났다. 6.25 전쟁은 민족 모두에게 피비린내 나는 아픈 현실이었다. 우리 가족은 포탄 속에서 살아남기 위해 삶의 터전을 옮겼다. 아버지와 어머니는 나를 데리고 경북 문경 농암면에 사는 고모님 댁으로 피난 갔다고 한다.

당시 우리는 고모부가 야산 모퉁이에 깊이 파둔 동굴에서 며칠 동안 숨어지냈다. 음식은 고모가 준비해 온 것으로 해결했다. 세상은 난리통이었지만, 동굴 밖 논에는 벼가 무성하게 자라고 있었고, 내 어린 눈에는 거대한 숲처럼 보였다.

어느 날 오후, 요란한 폭음 소리가 나더니 동굴 앞 논두렁에 포탄이 떨어졌다. 소름이 끼칠 정도로 큰 소리가 났다. 그때 나는 호기심에, 겁도 없이 동굴 밖 대포가 떨어진 곳으로 가겠다고 고집을 피웠다. 이런 겁 없는 행동 때문에 아버지에게 볼기짝을 얻어맞았던 기억이 있다.

전쟁이 끝난 후, 젊은 아버지들은 몇 달 동안 '보국대'라는 명목 아래 국가의 부름을 받았다. 보국대의 의무는 폐허가 된 나라의 재건을 위해 무보수로 일하는 것이었다.

마을과 마을 사이에는 군인들이 철저하게 경계 보초를 섰다. 다른 지역으로 이동하려면 불편함이 이루 말할 수 없었다. 군인들이 계곡마다 보초를 서서, 지나가는 마을 사람들을 조사했다. 그나마 여성들은 가볍게 조사를 끝냈다. 그 당시에는 일반 버스가 없었기 때문에 먼 곳에 있는 친척을 방문하려면 걸어서 가야 했다.

어느 날 아침, 어머니가 밥상을 차리고 있을 때였다. 갑자기 인민군이 들이닥쳤고 우리 가족이 먹을 밥을 몽땅 가져갔다. 그런 일은 허다했다. 산에 숨어 있던 인민군들이 배가 고파 민가의 식량을 훔쳐 가는 일이 부지기수였다.

우리집 뒤에 있는 큰 공동묘지에는 군인들이 있었고, 동네 아이들에게 총을 만져보게 했다. 그들이 인민군인지 국군인지 알 수도 없었다.

마을 곳곳에 소문이 흉흉했다. 이웃 마을에서는 인민군이 젊은 남자 40여 명을 끌고 갔는데, 끌려간 이들은 끝내 돌아오지 않았다고 했다. 그래서 그 마을은 같은 날 제사를 지내는 집이 사십 가정이나 되었다.

시간이 흐르며 상황은 조금씩 안정되어 갔지만, 전쟁의 공포는 여전했다. 사람들은 마을의 청년이 입대하면 소나무 가지를 잘라 개선문을 만들어 살아 돌아오기를 기원했다. 전쟁의 여파는 모든 행정 시스템을 마비시켰다. 인민군에 의해 군청과 면사무소가 불타 버렸다. 어떤 지역 사람들은 호적 명부가 전부 사라졌다. 우리 가족도 다시 호적 신청을 할 때 기록에 오차가 있어 재수정하기도 했다. 모든 게 아수라장이었다. 그러면서도 시간은 빨리 흘러갔다.

아버지는 일가친척이 없어 외로운 분이다. 6대 독자로 태어나 손이 귀한 집안이었다. 그래서 우리에게는 4촌은커녕 6촌, 8촌 친척도 없었다. 아버지가 일곱 살 때, 할머니를 하늘나라로 떠나보내고 열세 살 무렵 할아버지마저 저세상으로 떠나셨다고 한다. 어린 나이에 고아가 된 아버지는 하나밖에 없는 어린 여동생을 데리고 방랑 생활을 했다. 그러다 결국 여동생을 돌봐 줄 능력이 되지 못해 가까운 이웃집에 여동생을 의탁했다고 한다. 그 집에서는 일명 민며느리로 여동생을 맡아 키웠다.

대체로, 민며느리는 장래의 시가가 될 집에 와, 혼인할 때까지 노역 봉사를 하는 것이 상례였다. 일종의 봉사혼의 성격이었다. 한국 전쟁 때 농암면 동굴에서 피난 생활을 하도록 도와준 고모는 그렇게 힘든 결혼생활을 시작한 사람이다.

우리집은 원래의 고향인 가은면을 떠나 인근 둔경면 갈평이라는 곳으로 이사했다. 갈평으로 온 이유는, 그곳에 거주하는 어떤 사람이 아버지에게 찾아와 당시 두 살이었던 나의 남동생을 양아들로 허락해 주길 부탁했기 때문이다. 아버지가 수락만 한다면 우리 가족 모두 먹고살 수 있게 해주겠다는 말에 갈평으로 급하게 이사를 하게 되었다.

하지만 갈평으로 이주한 후, 그분은 병환으로 갑작스럽게 세상을 뜨고 말았고, 우리 가족은 연고 없는 마을에서 그야말로 찬밥 신세가 되었다. 생계를 보장한다는 말도 허사가 되었다. 어르신의 남은 가족은 우리 가족을 박대했고, 더 이상 한 집에 같이 살 수 없는 형편이 되었다. 결국, 아무것도 챙기지 못한 채 가까운 빈집으로 이사를 했다. 빈손이 된 우리 가족은 앞길이 막막했다.

어떻게 살았는지 어린 나로서는 기억이 잘 나지 않지만, 부모님의 고생은 이만저만이 아니었을 것이다. 극심한 가뭄으로 농사를 짓지 못해 먹을 식량이 없었다. 산 입에 거미줄을 칠 수 없어 산에서 소나무 껍질을 벗겨 송기떡으로 연명했다. 송기떡은 송기(소나무의 속껍질) 가루와 멥쌀가루를 버무려 시루에 쪄 안반에 친 떡이다.

어머니는 소나무 껍질을 가지고 하루 종일 디딜방앗간에서 떡을 만들어 식구들을 먹였다. 가뭄으로 인한 식량난은 시골 촌부들에게 극심한 고통이었다. 그때 어머니는 쌀밥을 얻어 먹이려고 나를 데리고 멀리 농암에 사는 고모집에 갔다. 하지만 그곳 상황도 마찬가지였다. 고모네 집 역시 소나무 껍질로 끼니를 잇고 있었다. 우리는 그곳에서도 소나무 떡으로 밥을 대신해 먹고 집으로 돌아왔다.

전답이 하나도 없던 아버지는 생계가 어려워지자, 방법을 생각해 냈다. 국가에 속한 땅이었던 꼭두바위 뒤 대미산 중턱으로 가기로 한 것이다.

1955년 내 나이 일곱 살이 되던 해, 우리 가족은 산으로 들어갔다. 당시 손아래 동생은 네 살이었다. 근처 대미산은 문경 인근에서 산들의 어머니라고 불릴 정도로 산세가 수려하다. 아버지는 높은 산자락에 들어가 산전을 파서 밭으로 만들었다. 그곳에서 농사를 지어 가족의 생계를 꾸려 가기로 했다.
  약 1,000미터 높이 산자락에 하늘을 지붕 삼는 화전민의 삶!
  산전 농사는 감자와 옥수수, 콩이 주였다. 풍족하지는 않았지만 간섭하는 사람이 없어서 오히려 자유로웠다. 우리 가족이 들어간 산중은 문경에서 사십 리 거리의 산꼭대기였다. 그곳에 집을 지어 정착했다. 사람이 살지 않는 외딴곳이었다. 오로지 우리 가족만 살았다. 오래전 누군가 이 산중에서 살았을 만한 집터 흔적은 보였다.
  아버지는 산비탈의 울창한 숲을 잘라 불태워 재를 만들어 비료 대용으로 농사에 사용했다. 나무를 잘라낸 땅을 괭이로 고랑을 파내어 씨앗을 심어야 했다. 거센 나무뿌리를 뽑아내고 씨앗을 심는 것은 중노동이었다. 봄이 되면 아버지는 고랑을 팠고 어머니는 그 속에 씨앗을 심었다.
  아버지는 성실했지만, 술을 좋아했다. 장날에 마을로 내려가면 술독에 빠져 며칠을 집에 돌아오지 않았다. 어느 해 여름, 우리 세 사람만 깊은 산중에 남겨 두고 갈평시장에 가신 아버지는 3일이 지나도록 돌아오지 않았다. 그런데 하필이면 아버지가 집을 비운 그날 밤 큰 문제가 발생했다. 밤사이에 뇌성과 폭풍우 때문에 억새에 덮인 지붕이 날아가 버리고 빈 서까래만 남은 것이다.
  거세게 쏟아지는 비 때문에 등불을 켤 수 없는 캄캄한 밤중에 두려워 떨던 기억이 지금도 생생하다. 어머니와 나, 남동생 세 사람은 계속되는 폭풍우를 피하기 위해 곡식을 털어내는 키를 덮어쓰고 방 귀퉁이에 모여 앉아 밤을 지새웠다.

  하지만 두려움을 쫓아내진 못했다. 젖은 몸으로 공포의 밤을 지새웠다. 아버지가 빨리 집에 돌아오기를 기다릴 수밖에 없었다. 만일 맹수라도 나타난다면 가족을 지켜낼 능력이 전혀 없었다. 다행히 아버지는 다음날 집으로 돌아왔고, 임시로 지붕은 해결되었다.

  산중 생활은 때론 재미가 있었다. 오솔길에 덫을 놓아 산토끼가 걸리는 날에는 고기 요리를 먹을 수 있었다. 하지만 높은 산중이라 여러 종류의 맹수와 산짐승이 득실거렸고, 가끔 아침에 일어나보면 맹수들이 연약한 짐승들을 잡아먹은 흔적이 있었다. 특히, 깊은 밤에 홀로 화장실에 가는 일은 참으로 곤혹스러웠다. 그것은 가장 두렵고 고통스러운 일이었다. 더구나 혹독한 추위가 엄습한 겨울엔 미칠 지경이었다. 산중 한가운데에 가림막도 없이 대충 만든 화장실에 앉아있으면 금방이라도 호랑이가 나타날 것만 같았다. 엉덩이를 내린 상태에서 덥석 물어갈 것 같은 공포감은 상상하기도 싫었다.

  겨울이 되면 폭설이 내리고 여름엔 태풍이 몰아쳤다. 세상의 온갖 변화무쌍한 기후가 우리집 주변에만 맴도는 것 같았다. 눈이 올 땐 앞이 막혀 꼼짝도 할 수 없었다. 영하 27도의 추운 날씨에는 손이 닿는 곳마다 쩍쩍 얼어붙었다. 밥 지을 물을 길으러 갈 수가 없어 눈을 솥 안에 녹여 물을 만들어 사용하곤 했다. 매년 겨울이면 겪어야 할 연례행사였다.

  그런 중에도 기쁜 소식은 찾아왔다. 산중 생활 3년째 되던 해에 어머니는 막내 남동생을 낳았다. 아버지는 막냇동생을 무척 아끼고 예뻐했다. 늘 외로운 독자였던 아버지에게 아들 삼 형제가 생겼으니 마음은 넉넉했을 것이다.

아버지의 유년기는 인생의 그야말로 고달픈 역사였다. 멀리 만주와 신의주를 왕래하며 자랐다고 한다. 만주에서는 고무신을 꿰매는 일을 해서 돈을 벌었다. 외로움과 생계적 두려움이 내면의 트라우마로 자리 잡았다. 그렇게 떠돌이 생활을 하다 어머니를 만나 결혼해 그 사이에서 세 아들을 낳은 것이다. 그중 나는 장남으로 태어나 책임감을 천성으로 알고 자랐다. 바로 아래 남동생은 나보다 똑똑하고 참 잘 생겼다. 계속 살았다면 큰 인물이 되었을 아이였다.

하지만 내가 독일에 광부로 온 1년 후 안타까운 소식을 접했다. 동생의 자살 소식이었다. 그때를 생각하면 지금도 가슴이 아린다. 극심한 가뭄으로 모내기를 못 하는 마을 사람들이 기우제를 올리기로 했다. 당시 아버지는 기우제 행사의 전반적인 총괄자였다. 아버지는 남동생에게 집에서 비교적 먼 시장에 가 기우제에 필요한 술을 사 오라고 했다. 하지만 야무진 성격의 동생은 아버지의 말을 거절하고, "신은 없다"며 반박했다고 한다. 아버지에게 있어 동생의 말은 거대한 도전이었다. 성격이 활화산 같았던 아버지는 주먹을 휘둘렀다. 남동생도 물러서지 않았다.

결국, 부자간에 싸움이 커졌다. 이 상황을 지켜본 마을 사람들이 합세해 동생에게 몰매질했다고 한다. 부자간의 싸움은 조용해졌지만, 동생에게는 엄청난 상처와 후회를 남겼다. 말 많은 마을에서 평생 '불효자식'이라는 꼬리표를 달게 되는 것이 두려웠을 것이다.

어느 날 동생은 술을 많이 마시고 농약을 잔뜩 들이켜 하나뿐인 생명을 속절없이 버렸다. 제대 후 2년이 되던 때였다. 동생 또한 불투명한 미래로 불안한 청춘이었다.

나는 독일에서 막냇동생에게 그 소식을 전해 들었다. 죽은 동생의 젊음이 너무 아깝고, 가슴이 쓰리고 아팠다. 동생과 달리 나는 비교적 아버지에게 순종적인 성향이었다. 아마도 장남의 무게가 무거웠고 어머니가 불쌍해서였던 것 같다. 짧은 생을 살다 간 동생을 생각하면 지금도 말할 수 없는 회한이 밀려온다. 인생은 그렇게 예기치 못한 삶을 향해 달려가곤 한다.

화전민 생활을 청산하다

우리 가족이 화전민으로 산 지 2년 후였다. 인근 갈평초등학교에서 가을 운동회가 열렸다. 아버지는 온 가족을 이끌고 운동회 구경을 갔다. 하지만 아버지는 운동회보다는 근처 술집을 다니시며 모습을 드러내지 않았다. 그러다 해가 지고 운동회가 끝나 집으로 가야 하는데 아버지의 행방을 찾다 시간이 흘렀다. 점차 어두워지기 시작했고 결국, 나머지 식구만 서둘러 산중 집을 향했다.

이미 밤이 깊숙이 스며들었고 사방이 어두웠다. 빠른 걸음으로 산 중턱 골짜기에 올랐는데 더 이상 오를 수가 없었다. 깊은 골짜기에 환하게 빛나는 달빛 사이로 무시무시한 그림자가 드리웠다. 마치 산짐승이 움직이는 것 같은 형상이었다. 금방이라도 무서운 짐승들이 달려들 것 같은 느낌에 오싹해졌다. 어머니 또한 두려움 때문인지 앞으로 나서지도 물러서지도 않고 몇 번을 망설이는 것 같았다.

더구나 산짐승들의 포효하는 소리가 귀청을 때렸다. 그 당시에는 마을에 호랑이가 자주 나타났다. 개와 돼지를 물어가기 일쑤였고 사람들의 생명까지 앗아갔다. 아녀자의 경우, 머리만 놔두고 먹어 치운다는 말이 있을 정도였다. 비녀가 가시처럼 호랑이 목에 박혀서라는 것이다. 당시만 해도 인간보다 호랑이 같은 동물들의 위협이 무섭던 시절이었다. 각종 맹

수가 득실거리고 동물이 인간의 힘보다 강했다.

우리는 산속으로 더 깊이 들어설 용기가 나지 않았다. 생각 끝에 어머니는 발걸음을 돌려 아랫마을로 내려가자고 했다. 우리 가족과 잘 알고 지내던 조 씨 아저씨네 집으로 향했다. 아저씨는 갑자기 밤중에 나타난 우리를 보고 놀라면서도 반갑게 맞아 주며 우리를 안심시켰다.

"깊은 밤에 연약한 여인과 어린아이들이 산길을 가는 것은 위험하니 여기서 편히 밤을 지내시죠."

우리는 그날 밤 조 씨 아저씨네 집에서 보냈다. 편안하게 잠을 청한 후 다음 날 아침 일찍 집으로 돌아왔다.

당시는 대부분의 사람이 가난했고 배고픈 이들도 많았다. 마을 사람들은 생계를 위해 봄, 가을이 되면 산나물과 약초를 캐러 산으로 올라왔다. 그들은 산나물을 말려 겨울 동안의 반찬거리를 준비하거나 시장에 팔아 살림에 보탰다. 그래서 봄과 가을이 되면 산속은 사람들로 북적였다. 산은 마을 사람들의 생활고를 도와주는 생명줄 역할이었다.

우리 가족은 산전에서 지은 농사로 비교적 먹을 양식이 풍족했다. 게다가 여름내 열심히 심고 거둔 감자와 옥수수, 콩 등 여러 잡곡 식량으로 겨울 준비는 넉넉했다. 어머니는 옥수수를 물에 불려 절구 방아에 찧어 밥을 만들었다. 그것은 우리의 주요 식량이었다. 때마다 마을 사람들이 식량을 구하려고 산꼭대기까지 올라오곤 했을 정도다. 그들이 찾아오면 아버지는 먹을 것을 후하게 나눠주었다.

봄과 가을이 되면 아랫마을 처녀들이 산나물을 캐러 산에 나타났다. 그때마다 나는 몸을 피해 숨었다. 한창 이성에 민감한 청소년기에 산중에서 힘들게 산다는 것이 무척 자존심이 상했다. 또한, 이상하게 마을 처녀들의 얼굴을 보는 것이 부끄럽기도 했다. 사춘기를 소년의 풋풋한 심정이었을 것이다. 산중의 삶은 외롭고 힘들었지만, 사람을 만나는 것도 그리 유쾌하진 않았다.

어느 추운 겨울이었다. 갈 곳 없는 한센병 환자가 산중까지 찾아와 도움을 요청했다. 아버지는 추운 겨울 동안 우리와 같이 살도록 해 주었다. 코와 눈썹도 없고, 그나마 눈도 무서울 정도로 흉측한 몰골이었다. 내 눈에는 소름 끼쳤지만, 아버지는 그 사람을 극진히 대접했다. 겨울이 다 지나도록 한 방에서 같이 있도록 허락했다. 그래도 어머니는 밥상만큼은 항상 따로 차렸다. 당시만 해도 한센병은 환자와의 접촉 때문에 쉽게 감염된다고 생각했기에 가까이하는 것을 꺼렸다. 그런데도 우리는 그분과 한 방에서 자고 일어났다. 가끔 그와 함께 마을에 내려가면 주민들이 이상하게 우리를 바라보곤 했다.

나는 성장하면서 미래의 삶을 고민하기 시작했다. 팍팍한 산중에서 내 인생을 허무하게 보내고 싶지 않았다. 여차하면 산속에서 그대로 눌러살 것이 뻔했다. 결론이 정해져 있는 삶이 한심하게 느껴졌다. 몸이 자랄수록 내 안에서 다음과 같은 철학적 사유가 꿈틀거렸다.

'그럼 무엇을 하고 살 것인가?'
'인생이란 무엇인가?'

고민하다 보면 잠을 설치곤 했다. 그때 나는 농사일만큼은 절대로 하지 않겠다고 굳게 결심했다. 하지만 내 상황은 아무리 생각해도 농사 외에 뾰족한 방법이 없었다. 나 자신이 농사꾼 외에 무엇을 할 수 있을 것인지 미래에 대한 대안도 없고 희망도 없었다.

어린 시절부터 산에서 감자를 심고 옥수수를 재배했던 사람이 무엇을 더 바랄 수 있었을까?

나는 산에서 갇혀 살다 보니 기본적인 교육도 받지 못했다. 사회 구성원으로 어떻게 살아갈 수 있을지 아무것도 기대할 수가 없었다. 그런데도 막연하지만 나를 사로잡는 무언가가 마음 속에 꿈틀거렸다. 보이지는 않지만 희미하게 느껴지는 희망이라는 이름의 단어였다. 가슴 밑바닥에서 뭔가 솟아오르는 소망, 나를 움직이게 하는 무언의 힘이 느껴졌다. 단지 머릿속에서 상상하는 꿈이지만, 그 꿈은 하늘을 향해 달려가는 것이다. 그 꿈은 자꾸만 내 손을 이끌었다.

현실은 힘들었지만, 삶에 대해 실망하거나 불행하다고 생각하지는 않았던 것 같다. 이유는 알 수 없지만 무언가 나에겐 좋은 일이 펼쳐질 것이라는 긍정적인 생각이 늘 내 주위를 맴돌았다.

어느 날, 드디어 산중 생활에 마침표를 찍을 일이 생겼다. 아버지가 산나물을 채취하던 중, 이상한 풀을 발견했다. 특별한 풀처럼 보여서 잘 보관해 두었다. 이후 마을 사람들이 올라왔을 때 아버지는 그들에게 풀의 정체를 물어보았다. 그때 아버지와 친하게 지내시는 분이 그 풀을 보더니 '산삼'이라며 깜짝 놀라는 것이다. 아버지는 "심봤다"를 외치며 덩실덩실 춤을 추었다. 아버지는 그 길로 산삼을 팔아 많은 돈을 벌었다. 그 돈으로 아랫마을에 논과 밭을 사게 되었다. 지금으로 말하면 로또를 맞은 셈이다.

자연은 인간에게 불시에 선물을 주고, 그 선물은 어려운 사람들의 몫이 되기도 한다. 때로 운명은 예측 불가능하고 기적은 계산되지 않은 채 다가온다. 그렇게 우리 가족의 산중 생활은 해피엔딩으로 끝났다.

우리는 산중 생활 7년 만에 '꼭두바위'라는 마을로 이사를 했다. 겨우 열아홉 가정이 사는 작은 마을이었다.

그때 내 나이 열다섯!

이날은 나에게 꿈같은 순간이었다.

아랫마을로 이사한 후 동생은 곧바로 갈평초등학교에 입학했다. 나는 초등학교에 갈 나이가 이미 지났기 때문에 아버지는 '집에서 농사 일이나 하라'고 했다. 나도 학교에 다니고 싶었지만, 아버지 말씀에 순종할 수밖에 없었다. 장남으로 농사일 대부분을 맡아서 해야 했다. 바쁜 농사일 때문에 공부는 생각할 여지도 없었다. 하지만 내 마음속 깊은 곳에서는 공부에 대한 미련이 남아 있었다.

어느 날 아침이었다. 아버지는 밥상머리에서 나를 심하게 꾸짖으셨다. 이유는 간단했다. 아버지는 나에게 아침 식사 전에 퇴비로 만든 거름을 모두 밭으로 옮기라고 했는데, 아침 먹기 전에 아버지가 원하는 양을 다 마치지 못했기 때문이었다. 말하자면 아버지의 기대에 부응하지 못한 것이다.

그러자 아버지는 차마 듣고 있기 힘든 말로 나를 비난하고 소리를 질렀다. 아버지의 노여움은 격해졌다. 내가 아무런 대꾸도 하지 않자 더욱 화가 난 것 같았다. 그러고는 갑자기 내 뺨을 사정없이 후려쳤다. 눈앞에서 번갯불이 번쩍였다. 아버지의 손이 내 얼굴을 치자, 그때 내가 들고 있던 밥숟가락이 마당으로 내동댕이쳐졌다. 순식간에 벌어진 상황에 나는 얼이 빠졌다. 무엇보다 밥이 목에 걸려 숨이 막혀오는 통증이 느껴졌다.

이제는 식탁 앞에 앉아있을 수가 없었다. 나도 모르게 눈물이 왈칵 쏟아졌다. 하지만 남자가 소리 내어 울 수도 없었다. 눈물을 잔뜩 머금은 채로 조용히 일어섰다. 아침 식사를 채 끝내지도 못하고 다시 지게에 퇴비를 지고 밭으로 향했다.

동구 밖을 나서자, 동네 아이들이 보였다. 책보를 허리에 매고 학교에 가는 모습이 보였다. 서로 재잘거리며 걷는 그들을 보자 나도 모르게 이유를 알 수 없는 뜨거운 눈물이 뺨을 타고 흘러내렸다. 내 모습이 그렇게 초라하게 느껴진 적은 처음이었다.

그때부터였을까?

반대로 내 마음에 학업의 욕구가 불일 듯 타올랐다. 그 불은 심장을 타고 올라와 목구멍을 가득 메웠다. 배우고자 하는 열망은 많지만, 현실의 어려움은 자꾸만 내 안의 결핍 의식을 자극했다. 하지만 그때까지도 배움을 위한 통로는 없어 보였다. 내 삶을 변화시킬 비상구는 여전히 보이지 않았다.

꿈속에 인생 동력이 있다

나에게 꿈이 있었다. 앞산 넘어 펼쳐질
내일을 향해 달리는 꿈

나와 함께할 백설 공주와 결혼하는 꿈
가난을 물리치고 백만장자가 되는 꿈
나의 희망하는 목적이 성취되는 꿈

꿈! 꿈이 있는 자는 행복한 것
꿈을 꾸는 인생은 앉아서 기대하지 않는다.
꿈은 창조의 힘이다.
꿈은 열정으로 산다.

아 ~
내 인생아 주저 말고 꿈의 날개를 펴서
저 높은 창공에 날려 보라.

나는 지금껏 살면서 줄곧 희망하고 찾을 때까지 꿈을 꾼 사람이다. 인생에서 만나게 된 여러 번의 장애물에도 물러서지 않고 도전했다. 그 도전의 결실은 달았고 기쁨은 배가 되었다. 암울했던 어린 시절이지만, 고통 속에서 뿌려진 씨앗이 있었다. 그것은 미래에 대한 희망과 꿈이라는 이름의 씨앗이었다.

산중 생활을 청산하고 아랫마을로 내려왔을 때 나도 동생처럼 학교에 다니고 싶었다. 하지만 아버지의 명령은 준엄했다. 장남이었던 나는 가족의 희생 제물이 되어야 했다. 누군가는 아버지를 도와 농사일을 해야 했기 때문이다.

그래도 지친 환경 속에서도 공부에 대한 꿈은 쉬이 사그라지지 않았다. 오히려 더 넓은 창공 속으로 훨훨 날아오르는 것 같았다. 나는 독학을 하기로 마음먹었다. 이런 내 마음을 읽었는지 마을 친구 두 명이 찾아왔다. 자신들은 며칠 전부터 고등 공민학교를 다니고 있으니 함께 공부해 보자는 것이었다. 눈물 나게 고맙고 반가운 제안이었다.

고등공민학교는 시골 아이들을 위한 야학 같은 학교였다. 당시 국민학교(초등학교) 건물을 빌려서 운영하고 있었고, 방과 후 오후에 수업이 있었다. 교사들은 이 근방 출신으로, 대학을 졸업했지만 직장을 얻지 못한 사람들이 주축을 이뤘다. 그들은 시골 형편상 학업이 어려운 아이들을 위해 중고등 과정을 가르쳤다.

공부를 하자는 친구들의 권유에 내 귀가 솔깃해졌지만, 정작 내 수준이 공부를 따라갈 만한지가 문제였다.

"너희도 알다시피 국민학교도 다니지 못한 내가 어떻게 고등 공민학교에 입학이 가능하겠어?"

"아니야! 너나 나나 별 차이가 없을 테니 처음부터 다시 배우면 돼!"

친구들은 계속 권했다. 나는 딱 잘라 거절하지 못하고 우물쭈물했다. 공부에 관심을 가지고 있었기에, 일단 내 상황을 학교 책임자에게 말해 달라고 친구에게 부탁했다.

다음날 친구들은 곧바로 선생님이 나를 보고 싶어 한다고 전해 주었다. 나는 학교를 찾아가 교무실에서 개인 면담을 했다. 선생님은 일단 출석해 보라고 권유했다. 공부를 따라갈 수 있을지 부담은 되었지만 도전해 보기로 했다. 친구가 중학교 1학년 교과서를 구해 주었고 교육에 필요한 여러 가지 준비도 도와주었다. 학교에 간다고 생각하니 마음이 벌써 설렜다.

며칠 후 드디어 고등공민학교 수업에 참여했다. 교실에 있는 빈자리에 앉자 가슴이 떨려 울렁거릴 정도였다. 첫 수업은 수학이었다. 수업 시간에 나는 바보나 마찬가지였다. 내 모습은, 칠판 앞에서 모노드라마 연극 공연을 하는 선생님의 연기를 보는 관객 같았다. 중학교 수준의 수학은 도통 이해가 되지 않았다. 한 번도 수학 공식을 배워본 적도 없기에 당연했다. 창피함 때문에 그만두고 싶었지만 소개한 친구를 생각해서라도 며칠은 더 다녀보리라 다짐했다.

다음 시간은 영어 과목이었다. 영어는 알파벳부터 배웠다. 모든 학생이 평등하게 기초 수준이라 나에겐 좋았다.

전체 수업 중 몇 과목은 어려웠지만, 그런대로 잘 따라갈 수 있었다. 결국, 학교 수업을 포기하지 않고 약 두 달 정도 다녔다. 하지만 문제는 아버지였다. 아버지는 내가 학교에 다니는 것을 탐탁지 않게 생각했다. 처음엔 아무 말씀도 하지 않았지만 농사일이 많이 밀리면서 아버지 혼자 감당하기가 힘드셨던 모양이다.

며칠 후, 밥을 먹고 책 보따리를 들고 나서는 나에게 갑자기 아버지가 심하게 역정을 내셨다.

"이 게으른 자식! 일하기 싫으니까 저런 쓸데없는 짓을 하지!"

아버지는 노골적으로 학교 가는 것을 반대했다. 사실 어머니는 나의 공부 의지를 내심 응원했다. 그래서 종종 부모님은 내 학교 문제로 심하게 다투곤 했다. 어머니는 내가 학교에 가는 것을 돕고 싶어 했고 아버지는 반대했기 때문이다. 그로 말미암아 집안은 전쟁터 같았다. 아버지가 어머니와 싸우는 것은 나에겐 가장 두려운 모습이었다.

난 내가 원하는 공부보다 가정의 평화를 선택했다. 아버지의 반대를 무릅쓰고 2개월 반 정도 다녔지만, 결국 포기할 수밖에 없었다. 그래도 그 동안 영어 알파벳을 조금이나마 배울 수 있었고 그것이 기초가 되어 처음 독일에 올 때 큰 도움이 되었다. 이후 가능하면 통신 강의록으로 공부했지만, 그것 또한 수강료 때문에 계속할 수가 없었다.

후에 독일에 와서도 독학을 계속할 계획으로 광산 기숙사에서 살지 않고 비싼 개인 집 빈방을 찾아 이사했다. 이사할 때 나와 함께 있고 싶은 사람이 같이 지내고 싶다고 해도 공부 때문에 거절했다. 내가 거절하자 그는 잔뜩 실망한 어조로 말했다.

"내가 자네에게 그렇게 미움받을 일을 하지 않았는데 왜 멀리하는 건가?"

그의 슬픈 표정에 냉정하게 대할 수 없어 결국 함께 지내게 되었다. 이런저런 이유로 계획했던 공부를 하지 못해 아쉽지만 그래도 날 따라주는 사람의 정을 무시할 수는 없었다. 왜냐하면, 세상은 인간관계를 통해 이루어진다고 생각했기 때문이다. 나에겐 사람이 더 소중했다. 가정의 평화를 위해 공부를 내려놓았던 것처럼 말이다. 공부를 포기한 현실에 눈물이 앞을 가렸지만, 인생의 순간은 늘 또 다른 통로를 만들게 마련이다. 나는 절대 희망의 끈을 놓지 않았다.

가출

　다시 농사일에 전념하며 나의 파란만장한 청소년기는 지나갔다. 당시 우리집은 허술한 초가집으로 살기엔 다소 불편했다. 2년간 살던 집은 내 맘에 썩 들지 않았다. 그래서 다음 해에 직접 집을 짓기로 했다.
　내가 원하는 스타일로 집을 짓기 위해 마을 친구들과 이웃 형들을 설득해 도와달라고 했다. 1,200미터 대미산 능선을 넘어가 나무들을 구하기로 했다. 충청북도와 마주한 산 중턱에서는 질 좋은 나무들을 구할 수가 있었다. 그곳에서 집을 지을 목재를 잘라 껍질을 벗겨 잘 건조되도록 준비했다.
　그리고 목재가 다 마를 때까지 반년 정도 기다렸다. 그해 가을, 다시 친구들과 함께 죽을힘을 다해 집 지을 장소에 목재를 옮겨 놓았다. 이제 집 지을 시기만 잡는 일만 남았다. 가족들이 편안하게 살 집을 만든다는 생각에 잠 못 이루는 밤이었다.
　그런데 그해 겨울 어느 날, 갈평 마을의 젊은이들이 지게를 지고 올라와 목재가 있는 곳으로 향하는 것이다. 영문을 모르는 나는 급히 달려가 무슨 일인지 물었다. 그들 중 한 사람은 아버지의 친구 아들이었다. 허겁지겁 묻는 나에게 그는 이렇게 말했다.
　"네 아버지께서 얼마 전에 이 목재를 돈을 받고 우리에게 다 팔았어!"

가격을 얼마나 받고 팔았는지는 알 수 없지만, 물어볼 수도 없었다. 그들이 아버지에게 목재값을 이미 지급했다고 하기에, 그들에게 더는 화를 낼 수도, 막을 수도 없었다. 아무리 생각해도 아버지가 이해되지 않았다. 하지만 결국, 아무 말도 하지 않고 그저 허락할 수밖에 없었다.

난 한 번 마음 먹었던 것은 해야만 직성이 풀리는 성격이다. 그런 일을 당했다 해도 새집 짓는 것을 포기할 수 없었다. 다시 다음 해에 집 지을 목재를 준비했다. 아버지에게는 지난 일에 대해 어떤 싫은 내색도 하지 않았다. 팔린 목재에 대해서는 생각하지 않기로 하고, 앞으로 해야 할 것을 계획하는 것이 급선무였다. 다시 건축 목재를 준비하는 동시에 집터를 닦고 벽돌을 준비했다.

마침내 나의 계획에 따라 그해 집을 완공하는 데 성공했다. 새집이 완공되자 옆 마을에 사는 처녀들이 나에게 시집을 오겠다며 농담했다. 그런 말은 혼기에 가까운 나에게 큰 위로가 되었다. 하지만 결혼은 생각해 보지도 않았다. 가까운 지역에 있는 여성과의 중매 건이 들어왔지만, 나는 결혼하지 않기로 이미 마음을 정한 상태였다. 이유는 내가 만약 여기서 결혼하게 되면 내 장래의 발전을 기대하기 어렵다는 것을 느꼈기 때문이었다. 내가 앞으로 성장하고 발전하려면 이곳의 처녀들보다 더 나은 사람을 만나야 한다고 생각했다.

또한, 결혼하게 되면 이곳을 떠나기 쉽지 않을 것이라는 생각에서였다. 그렇듯 내 마음속에는 이미 마을을 떠나고 싶은 욕망으로 가득 차 있었다. 보이지 않는 나의 미래를 위해 이곳을 벗어나는 기 급선무였다. 어디론가 떠나는 것 외에는 방법이 없었다.

다음 해 추석 명절이었다. 다른 지역에서 벌목 공사를 맡아서 같이 일할 사람을 찾고 있었다. 나도 일할 수 있게 해 듣라고 부탁했다. 하지만 어른들은 단번에 거절했다. 내가 아직 힘도 부족하고 벌목일은 위험해서 함께 할 수 없다는 것이었다. 일단은 포기했지만, 며칠 후 벌목장으로 직접 찾아가 일하게 해달라고 졸랐다. 어른들은 나의 간곡한 요청에 못 이겨 급기야 받아 주었다. 채용해 준 것에 감사해서 난 더욱 열심히 일했고, 능력과 성과도 인정받았다.

시간은 흘러 한 달 동안의 벌목 일을 다 마칠 무렵이었다. 아마 추석 이틀 전이었던 것 같다. 그동안 일한 돈을 받으면 옷도 제대로 사 입고 남은 돈으로 친구들과 술 한잔하면서 즐거운 추석을 맞이할 수 있으리란 꿈에 부풀었다.

다음 날은 갈평 대목 장날이었다. 그동안 벌목한 노임을 받기로 약속이 되어 있었다. 나는 부푼 마음으로 아침을 먹고 나갈 준비를 하고 있었고, 아버지는 먼저 시장으로 떠난 후였다. 아버지보다 늦게 갈평시장에 도착한 나는 벌목 책임자를 만나 그동안 일한 급여를 달라고 했다. 그러자 그 사람은 나를 향해 고개를 가로저으며 말했다.

"자네 부친이 5분 전에 자네가 일한 노임을 달라고 해서 건네주었네."

나는 그 말을 듣고 화가 머리끝까지 치밀었다. 그를 향해 불쾌한 말을 한마디 툭 던지고 곧장 아버지를 찾아갔다. 아버지에게 "이번만은 그 돈을 돌려달라"고 사정해 보았지만 아버지는 이미 그 돈으로 밀린 술값을 지급하고 주머니에 남은 게 없었다. 사실 이전에도 내가 돈을 벌면 항상 아버지가 챙겨가기 일쑤였다.

무엇보다 실망스러운 것은 아버지가 이전에 나와 했던 약속을 어긴 것이다. 이번만은 먼저 돈을 갈취하지 않기로 했는데 말이다. 하지만 모든 게 허사였다. 나에게 그해 추석 명절은 충격과 슬픔으로 가득 찼던 비참한 시간이었다.

추석날 아침, 마음이 상한 나를 위로하기 위해 친구들이 찾아왔지만, 그저 집에서 아무 생각 없이 마루에 앉아 하루를 보내고 있었다. 저녁 무렵, 아버지가 마을의 이집 저집을 다니며 술을 거나하게 마신 후 집에 들어왔다. 그때 아버지는 초라하게 앉아있는 아들이 싫었는지 나를 향해 심하게 역정을 냈다.

"이놈아, 넌 밀려 있는 일을 하지 않고 여태 놀그 있느냐?"

그 말에 나도 모르게 아버지에게 버럭 화를 냈다. 그러자 아버지는 마치 기다렸다는 듯이 굵은 막대기를 들고 나를 향해 달려왔다. 잠시라도 꾸물대면 아버지에게 꼼짝없이 맞아 죽을 것 같았다. 다급해진 마음에 아버지의 얼굴을 당분간 피하는 것이 낫다고 생각했다. 이제는 아버지 곁을 떠나야 할 때가 온 것이다. 이유를 불문하고 지금 당장 집을 떠나기로 했다. 집을 나가 굶어 죽어도 좋다는 각오로 아버지에게 말씀을 드렸다.

실로 내 인생의 가장 중요한 결단이자 선택의 순간이었다. 아버지를 향해 정중히 허리 숙여 인사를 할 때, 부엌에 있던 어머니가 달려 나왔다. 어머니는 눈물을 훔치며 "잘 생각했다"고 하시며 내 어깨를 안아 주었다. 그리고는 치마끈 옆구리에 숨겨 두었던 돈 2백 원을 꺼내 주셨다. 그때 어머니의 눈물과 눈빛을 지금도 잊을 수가 없다.

당시 2백 원은 부산까지 갈 수 있는 차표 값이었다. 나는 부랴부랴 짐을 쌌다. 입고 있는 옷 외에 일할 때 입을 수 있는 옷 한 벌을 보자기에 싸서 집을 나서자 언제 소식을 들었는지 동네 어른들이 내 이름을 부르며 달려 나왔다. 마을 어른들은 "해는 지고 어두워져 가는데 어디를 가느냐?"고 극구 말렸다.

하지만 내 생각은 변함이 없었다. 어른들은 조금만 참고 집에 있으라고 권했지만 이미 결심한 나는 굶어 죽어도 집을 떠나야 한다고 생각했다.

그들의 손을 뿌리치고 동네를 벗어나 터벅터벅 걸었다. 새로운 인생 모험의 첫 발걸음은 그렇게 무겁게 시작되었다.

희망이라는 이름의 서울 생활

집을 나올 때, 해는 이미 서산으로 뉘엿뉘엿 저물어가고 있었다. 이미 버스도 끊어진 시간이라 걸어갈 수밖에 없었다. 문경까지 사십 리가 넘는 거리였다.

빠른 걸음으로 걸었지만, 문경에 다다랐을 때는 이미 한밤중이었다. 모든 교통수단은 끊어졌고 갈 곳이 없었다. 잠시 갈 곳을 찾다가 문경시 외곽에 사는, 마을에서 라디오 수리공을 하던 사람이 생각났다.

평소 그 사람과 잘 알고 지내던 터라 일단 그 집을 찾아갔다. 시간은 벌써 밤 11시가 넘어섰다. 그 사람은 내가 갑자기 나타나자, 피치 못할 상황이라는 것을 이내 눈치채고는 반가이 맞아 주었다. 나의 허기를 알아차렸는지 늦은 저녁상을 차려 주었다. 따스한 저녁 식탁을 마주하자 긴장되고 노곤했던 몸이 스르르 풀렸다. 다행히 잠을 잘 곳이 있어서 눈물 나도록 감사했다.

다음날 집을 나서는데, 장대비가 온종일 그칠 줄 모르고 퍼부었다. 비 때문에 어쩔 수 없이 하루를 더 묵었다. 하지만 다음날도 비는 그칠 줄 모르고 쏟아졌다. 결국, 오후까지 기다렸지만 더는 더무를 수 없었다. 오후 늦게 떠나려 하자 그가 팔을 잡으며 만류했다.

"자네, 이렇게 장대비가 쏟아지는데 어디를 가려고 이러는가?"

하지만 그 집에 더 머물기가 미안했다. 집을 나와 쏟아지는 비를 맞으며 버스가 닿는 곳까지 걸었다. 그곳에서 김천행 막차를 타고 김천에 도착했을 때는 밤 10시경이었다.

시장기가 느껴졌다. 아직 영업 중인 식당을 비집고 들어갔다. 가장 저렴한 물 국수 한 그릇을 사 먹고 인근의 값 싼 여인숙에서 잠을 청했다. 여인숙 옆방에서는 젊은 남녀가 밤새도록 연애하는 소리가 들렸다. 몸이 스펀지처럼 가라앉아 피곤했지만 잠을 이루지 못하고 뜬눈으로 지새웠다.

막상 집을 떠난 후 내 머릿속은 더욱 혼란스러웠다. 무작정 새로운 삶의 푯대를 바라보고 가야 했다. 내 인생이 어떻게 펼쳐질지 만감이 교차했다. 만약 부산으로 간다면, 그곳에 고모가 계셔서 위급상황이 오면 도움을 청할 수 있다는 생각이 들었다.

하지만 바로 생각을 바꿨다. 문득 아무 연고도 없는 서울로 가는 것이 좋겠다는 마음이 들었다. 나에게는 새로운 도전이 필요했다. 지나온 시간을 잊고 새롭게 출발할 곳으로 대도시 서울이 적절했다. 하지만 수중에 있는 돈은 김천에서 대전까지만 갈 수 있는 액수였다.

다음 날 아침 일찍 떠나는 서울 방향 열차는 초만원이었다. 고향에 왔던 사람들이 추석을 지낸 후 서울로 가는 모양이었다. 사람이 너무 많아 좌석은 생각할 수도 없고 열차에 타는 것 자체만으로도 감사할 일이었다. 비좁은 차를 타고 대전까지 갔다. 혹시나 대전에서 취직이라도 된다면 고마운 일이라 생각했다. 대전 시내를 다니며 일자리를 알아보았지만 나를 고용하겠다는 사람이나 회사는 없었다. 돈이 없어 대전역에서 밤을 지새우고 서울로 가야 하는데, 주머니에 돈이 다 떨어졌다.

그때 한 가지 방법이 떠올랐다. 몇 년 전에 아는 형과 함께 부산에 가면서 차표 없이 기차를 타는 법을 알게 되었다. 나는 그 방법으로 서울행 열차를 탔다. 하지만 수원부터는 더는 안 될 것 같아 수원에서 내렸다. 당시만 해도 수원은 개발이 안 된 농촌 지역이었다. 일단 농가를 찾아가 농사일을 해서라도 돈을 좀 벌어야겠다고 생각했다.

사방은 해가 어둑어둑해지고 있었다. 나는 아무 곳이나 발길이 향하는 곳으로 걸어갔다. 며칠을 제대로 먹지 못해 우선 요기라도 하고 싶은 생각만 간절했다. 그때 길가 바로 옆집에서 60대 정도로 보이는 노인이 마당에서 일하고 있었다. 나는 용기를 내어 노인에게 다가갔다. 그리고 간곡한 어조로 말했다.

"어르신, 일 좀 하게 해 주세요!"

노인은 힐끔 쳐다보더니 대뜸 이렇게 말했다.

"아무 연고도 없는 당신을 우리가 어떻게 믿고 일을 하게 한단 말이오!"

노인은 단번에 거절했지만 나는 물러서지 않았다. 다급한 마음에 지금까지의 내 상황을 설명했다. 노인은 나의 딱한 사정을 가만히 듣고는 실력을 테스트하겠다고 일어섰다. 그러고는 어두운 밤인데 지게를 하나 주며 자기를 따라오라고 했다.

노인을 따라 약 10분 정도 걸어 들판으로 나갔다. 그곳에서 논에 볏단을 한 짐 지고 가자고 했다. 며칠 동안 제대로 먹지 못해 배는 고프지만 있는 힘을 다해 벼를 한 짐 지고 왔다. 결국, 노인의 자체 테스트에서 인정받고 따뜻한 저녁 식사를 얻어먹을 수 있었다.

다음날부터는 더 열심히 일해 노인의 호감을 샀다. 처음엔 나를 경계하던 노인은 다음날부터는 의심 없이 나에게 모든 일을 맡겼다. 그곳에서

20일 정도 머물렀다. 비가 와 일하지 못하는 날엔 새끼줄을 꼬며 손을 쉬지 않았다. 그러자 열심히 일해 준 대가로 노인에게 후한 임금도 받았다. 나는 그곳에서 옷 한 벌을 사고 필요한 것을 사 서울로 올 수 있었다.

수원 농가에서 일하는 동안, 소개로 알게 된 사람이 있었다. 그는 서울에 가면 일할 곳이 있다고 제안했다. 의지할 곳 없던 나는 그 사람을 따라 서울로 올라갔다.

밤 9시경, 서울행 열차 창가로 보이는 세상은 불바다처럼 환했다. 컴컴한 시골에서만 살았던 나에게 서울은 눈이 부실 정도로 환했다. 가정집 창문에서 비치는 등불이 모여, 어두운 도시를 밝은 대낮처럼 환하게 비췄다. 이 많은 집 가운데 내가 있어야 할 곳이 없다는 것에 마음이 아팠다.

서울에 도착해 그 사람을 따라간 곳은 파지가 가득 쌓여있는 창고였다. 쉽게 말하면 휴지 종이를 모아놓은 쓰레기장이라고 볼 수 있었다. 창고에서 우리가 살아야 한다고 했다. 잠도 여기서 자야 하고 우리가 살 집이 바로 이곳이라고 말했다. 아무리 누추해도 나에게는 감지덕지했다. 이런 곳마저 없었다면, 이 차가운 서울 거리에서 밤을 지내야 할 판이었다. 당시 서울의 겨울밤은 영하 25도에서 30도를 넘나들었다.

이불이 아닌 종이로 몸을 덮었지만 영하의 날씨를 감당하기에는 역부족이었다. 너무 추워서 치아가 덜덜거리고 더더욱 잠을 이룰 수가 없었다. 급기야 함께 있던 사람이 밤중에 무언가 열심히 만들기 시작했다. 철사로 망을 만들어 그 속에 전구를 넣고 그것을 사이에 두고 잠을 잤다. 하지만 나는 발꿈치를 전구에 데어 염증이 생겨 오랫동안 고생했다.

서울은 기대했던 것보다 실망이 컸다. 청계천은 눈으로 보기에도 흉측할 정도로 더러운 쓰레기 더미 천지였다. 당시 서울의 인구는 1945년 해방 후 유입된 해외 동포와 한국 전쟁 직후 내려온 피난민들로 급격히 증

가했다. 여기에 이촌향도 현상으로 유입된 농민들도 가세했다. 당시는 주택 보급률이 낮아 집을 구하기 힘든 상황이었다. 사람들은 일자리가 형성된 도심지와 가까운 청계천에 판자촌을 짓고 생활했다. 상하수도 시설이 갖춰지지 않은 판자촌에서 사람들은 각종 오물을 청계천에 버렸고, 청계천은 전염병이 창궐하는 불결하고 더러운 공간이 되었다. 가는 곳마다 지저분하고 악취가 났다. 게다가 몸을 파는 창녀촌이 즐비해 밤거리를 장악했다. 공동 우물에서 식수를 받아 식사를 준비해야 했고, 화장실도 공용이었다.

좁은 골목길에서 매서운 추위를 견디고 보따리 장사를 하는 사람이 비일비재했다. 인근 답십리와 다른 곳도 온통 가난한 사람들 천지였다. 비천한 백성은 죄다 서울에 모여 사는 것 같았다. 물론 부자들이 사는 동네도 있었겠지만, 나의 시야에 들어온 서울은 남루하고 초라했다. 그곳이 내가 몸담은 세계였고 사회였다. 마음 속에는 나의 삶에 대한 의문이 가득하게 되었다.

왜 나와 저 사람들은 이렇게 살아야 하는가?
무엇을 위한 삶이며, 무엇을 위해 저렇게 고생스럽게 사는가?
어쩔 수 없이 사는 것은 죽을 수가 없어서 사는 것 아닌가?
인생이란 무엇인가?

여러 질문을 던지며 아무리 곰곰이 생각해 보아도 스스로 답을 찾을 수 없었다. 내가 일하는 화장지 회사는 여성 생리대를 생산하는 공장이었다. 제조한 화장지 끝을 잘라낸 파지를 이용해 여성 생리대를 만들었다. 당시 서울에는 두 개의 화장지 회사가 있었다. 무궁화 화장지와 장미 화장지였다. 우리나라의 한 회사가 무궁화와 장미 화장지를 개발·생산한 것은 1963년 2월의 일이다. 이전 국내 화장지는 흰 종이를 잘라 파는 형식이었는데, 현대식 화장지를 가장 먼저 도입했다. 회사에서 2-3명의 여사원을 모집하면 최소 30-40여 명의 여성이 몰려들었다. 시골에서 많은 젊은이가 일자리를 찾아 무작정 올라왔기에 경쟁은 매우 치열했다.

나는 서울 생활 2년 만에 청계천 변두리에 있는 판잣집에 세를 얻을 수 있었다. 누추하지만 무엇보다 방에서 잘 수 있어 행복했다. 동대문 시장에서 싸구려 이불을 샀다. 품질이 안 좋은 건 당연했다. 얼마 못 가 이불이 터져 자고 나면 시커먼 솜털 먼지가 새어 나와 온 방이 먼지투성이였다. 그래도 숨을 쉬는 것 자체가 나에겐 행복이었다.

그 후 약 한 달 정도 지나 경남 진해에서 한 청년이 찾아왔다. 딱한 사정을 이야기하며 나와 함께 지낼 수 있는지 부탁하는 것이다. 나는 흔쾌히 그렇게 하자고 허락했다.

하지만 청년은 얼마 안 지나 여동생을 데려와 같이 살게 해 달라고 간청했다. 자기 여동생이 거처할 곳이 없어 길거리에서 자야 한다는 것이었다. 딱한 사정이라 거절할 수도 없었다. 하지만 문제는 성이 다른 세 사람이 이 작은 방에서 같이 잘 수가 없었다.

나 역시 젊은 여성과 같이 지내는 것이 마땅치 않아, 다른 방법을 생각했다. 나는 밤 근무를 자청하고 청년 남매는 낮에 일하게 되었다. 남매가 함께 지내도록 해 준 것이다. 그래서 서로가 부딪히지 않고 일을 할 수 있었다. 당시 나도 힘들었지만, 모두가 힘든 삶을 살던 때였기에 오히려 서로의 상황을 이해하고 도울 수 있었던 시간이었다.

제2장

새로운 길을 찾는 삶

───

난 이번 사고로 해가 서산에 지면 두려운 마음이 들었다.
오늘 밤은 또 무슨 사건이 일어날지 심장이 떨려왔다.
해가 지면 마음속 깊은 곳에
죽음에 대한 두려움과 공포가 밀려왔다.

월남전 1차 파병

시간은 속절없이 흘러갔다. 어느 정도 서울 생활이 정착되자, 점점 고향과 부모 형제가 그리워졌다. 고향을 떠난 지 3년 2개월 만이었다. 모처럼 고향 부모님께 안부 편지를 했다. 약 2주 후에 고향에서 답장이 왔다. '돌아오는 4월에 군대에 입대하라'는 영장에 관한 내용이었다.

군대 영장은 현재의 삶을 내려놓고 나라를 위해 국방의 의무를 다해야 하는 지상명령이다. 나는 서울 생활을 정리하고 집으로 돌아왔다. 며칠을 머문 후 1969년 4월 15일, 안동 36사단에 입대했다. 곧바로 안동 훈련소에서 고된 훈련을 마쳤고, 부산 해운대에서 운전 교육을 수료했다. 뒤이어 인천시 부평에 주둔한 미 8군 에스캄 수송부에서 복무하게 되었다.

사실 이 부대 배치는 기대하지 못했던 행운이었다. 당시에는 권력의 배경이 있는 경우가 아니면 이곳에 올 수 있었다. 운이 좋아서인지, 아니면 행정 착오인지 알 수 없었지만, 나에겐 참으로 뜻밖의 소식이었다. 카투사로서의 군 생활은 만족스러웠고 꿈같은 일이었다.

하지만 그 행복도 잠깐이었다. 당시 군에는 뇌물 등 부패가 심했다. 걸핏하면 금품을 요구하는 행태가 비일비재했다. 돈과 권력이라면 천국길이라도 통할 수 있는 시대였다. 당시는 군사 정권 시대였다. 전날 인사계가 정부의 뜻을 우리에게 전했다.

그러나 나는 반대했다. 다음 날 아침에 인사계가 식당 입구에서 나를 기다리고 있었다. 그는 잔뜩 불쾌한 어조로 소리를 질렀다.

"정 이병, 너 겁대가리도 없어? 너, 당장 월남 가!"

딱 봐도 불순종에 대한 경고였다. 하지만 나는 순순히 응했다.

"네, 가겠습니다!"

나로서는 원래부터 외국에 가보고 싶었기에, 한편으로 월남전을 생각하고 있던 터였다. 그러기에 월남전 파병은 나에게는 나쁜 선택이 아니었다. 내가 흔쾌히 답변하자 인사계는 오히려 당황해 했다.

다음날 나 홀로 춘천역에 도착했다. 대기하고 있던 군용트럭에 몸을 싣고 오음리로 향했다. 당시 월남에 파병되려면 화천군 간동면 오음리에 있는 훈련장을 거쳐야 했다. '바람버덩이골'이라 불렸던 이곳은 배후령을 넘어 첩첩산중에 있는 산간마을이었다. 이 훈련소는 월남 파병이 통과된 1964년부터 1973년까지 8년 동안의 실전 훈련장이었다. 이때 월남에 파병된 군인들은 32만여 명에 달했다.

달리는 트럭에서 희끄무레한 먼지들이 뭉게구름처럼 날리는 것을 보았다. 우리를 실은 트럭은 꼬불꼬불 산길을 돌아, 뺏지 고개를 넘어 험한 산길을 올랐다. 높은 난간 길을 따라 겨우 오음리에 도착했다. 그곳은 사방이 하늘에 닿을 듯한 산울에 가로막혀 있었다. 보이는 것은 하늘과 산뿐이었다.

드디어 강한 훈련이 시작되었다. 나는 오음리 훈련소에서 40여 일 전투와 전쟁 규칙 등 실전 교육을 받았다. 날마다 고된 훈련으로 지친 병사들은 저녁이면 PX에서 샴페인을 터트렸다. 그 시간만은 행복했다. 육군 졸병이 샴페인을 마시는 순간은 피로가 확 풀리는 상쾌한 시간이었다.

월남 전투병들은 1년 동안 받을 월급을 오음리 교육 기간에 모두 찾아 쓸 수가 있었다. 우리는 그 돈으로 샴페인을 마시고 즐겼다. 어느덧 시간은 흘러 모든 훈련을 마치고 월남으로 떠나야 할 시간이 왔다.

그때가 1970년 4월 16일이었다. 봄인데도 오음리는 눈으로 천지가 하얀 세상이었다. 으스스한 아침 추위 속에 군용 트럭에 몸을 싣고 춘천역으로 향했다. 춘천에서 군용 열차를 타고 밤이 지나도록 달려 열차는 부산 제3 부두에 도착했다.

우리를 태우고 떠날 배는 난생처음 타보는 거대한 군용선이었다. 약 2천 5백여 명의 인원을 태울 수 있고 수천 톤의 화물을 적재할 수 있었다. 월남전에 필요한 모든 식품과 장비와 군인들의 생필품을 싣고 있었다. 정오쯤 부모와 친지와 친구들이 환송하러 나왔다. 부두엔 현수막을 들고 서 있는 사람들로 인산인해였다. 환송하는 사람 모두가 손수건을 흔들었다.

"내 아들아, 부디 살아서 돌아오거라!"
"사랑하는 당신의 건투를 빌겠어요!"
"친구야, 용감하게 싸워서 승리하고 돌아와라!"

많은 이가 손으로 쓴 플래카드를 들고 송별 인사를 하고 있었다. 하지만 나를 찾아온 사람은 없었다. 무척 쓸쓸하고 고독한 심정이었다. 잠시후 부두에서 송별식이 시작되었다. 애국가를 우렁차게 부르고 환송 인사의 말이 끝나자, 군악대가 훈련가를 연주했다.

'백마는 달려간다. 월남 땅으로!'
연주가 끝나고 일반 가수들의 노래가 이어졌다.
'아-아- 잘 있거라 부산 항구야

부모님 잘 있고요.

미스 김도 잘 있고 미스리도 잘 있어.

돌아올 기약일랑 잊지를 말라.'

뱃고동 소리를 요란하게 울리며 뱃머리는 월남 전선을 향해 서서히 고개를 돌렸다. 떠나는 군인들과 보내는 환송자들이 나누는 이별의 슬픔으로 항구는 숙연해졌다. 우리는 그렇게 월남 땅을 향해 전진하고 있었다. 그곳엔 처참한 죽음이 기다릴지 모를 일이었다. 살아서 돌아온다는 기약이 없던 우리는 그렇게 처연히 부산항을 떠났다. 배는 점점 육지와 멀어지고 부산항은 눈에 보일 듯 말 듯 멀어졌다. 불현듯 초조한 생각이 들었다.

'아, 내가 살아서 부산항에 다시 돌아올 수 있을까?'

그런 생각을 하는 사이, 부산항은 시야에서 보이지 않았다.

약 한 시간이 지나 점심 식사 시간이었다. 배고픈 시절이었기에 선상에서의 밥은 꿀맛이었다. 하얀 쌀밥에 풍성한 배식으로 위장이 넉넉해졌다.

하루, 이틀, 사흘을 가도 보이는 것은 오직 바다뿐이었다. 가끔 보이는 것은 먹잇감을 찾아 날아드는 갈매기들이었다. 우리를 태운 군용선은 잠시도 쉬지 않고 바다 위를 달렸다. 몇몇 장병은 갑판 위에서 저 멀리 보이지 않는 지평선을 멍하니 바라보고 있었다. 모두 얼마 후면 전쟁의 총성 속으로 몸을 내맡겨야 한다고 생각하는 것 같았다. 나 또한 만감이 교차했다. 곧 생과 사의 갈림길 속에 청춘을 내맡겨야 한다는 두려움과 초조함이 엄습했다.

6일 동안 아무것도 보이지 않던 항해의 끝이 다가왔다. 어느새 베트남 나트랑 항구에 도착하게 되었다. 그 순간 멀리서 대포 소리가 들려왔다. 전쟁에 대해 생생히 알려 주는 신호였다.

드디어 전쟁터에 도착했다. 우리 앞에 어떤 상황이 기다리고 있을지 예측할 수 없었다. 출발 전 오음리에서는 눈이 내려 추워 벌벌 떨었는데 이제는 머리통이 뜨거워 태양 아래 머물 수가 없었다.

나트랑 항구에서 약 150킬로 정도 떨어진 판랑에 주둔한 백마 52포 대대에서 3주 정도 교육을 받고, 나트랑 근처에 있는 디엔칸 소도시에 주둔한 52포대 1포대로 배치되었다. 공식적인 월남 생활이 시작된 것이다.

매일 밤 자정이 되면 베트콩을 저지하기 위한 우리 포대의 대포 사격이 쏟아졌다. 공교롭게도 포구가 우리 막사 위로 사격할 때마다, 진동하는 폭음에 깜짝 놀라 몸이 공중으로 1미터는 솟아오르는 느낌이었다. 하지만 시간이 흐르면서 포탄 소리가 자장가처럼 들렸다. 인간은 환경의 동물이라는 것을 실감한 순간이었다.

월남 생활 3주가 넘어선 때다. 1포대에서 7명의 병사가 월남 만기 근무를 끝내고 고국으로 귀향할 날이 되었다. 그들은 이 밤을 보내고 날이 밝으면 사랑하는 부모와 가족이 있는 고향 땅으로 돌아간다. 그토록 기다리던 귀향을 축하하며 송별 파티를 했다.

나는 그날 새벽 1시쯤 보초를 마치고 막사에 돌아왔다. 2호 차 운전병이 다음 보초 교대를 준비 중이었다. 막사에 돌아온 나는 잠자리가 없어 잠잘 곳을 찾고 있었다. 이런 상황을 눈치챈 2호 차 운전병이 나에게 자기 자리에서 잠을 자라고 했지만 그렇게 할 수 없었다. 왜냐하면, 만약 내가 그 자리에서 자게 되면 그가 근무를 마치고 돌아왔을 때 그 역시 잠자리 때문에 고민할 것이 뻔했기 때문이다.

그래서 그의 호의를 사양하고 다행히 중간 기둥 사이에 좁은 틈이 있어서 그곳에서 잠을 청했다. 기둥 사이 끼여서 막 선잠이 들려던 참이었다.

그때였다.

'쾅! 쾅!'

고막이 터질 것 같았다. 나는 어리둥절 놀라 벌떡 일어나 서 있었다.

잠시 후 조용해졌다. 막사 안에는 잠깐의 적막이 흘렀다. 사람들이 숨어 있다가 한 사람씩 손전등을 켜고 나왔다. 모 뱡사 이마에서 피가 흘러내리고 있었지만, 그는 알아차리지 못했다. 나는 깜짝 놀라 소리쳤다.

"김 병장님, 이마에서 피가 흘러요!"

김 병장은 자기 몸이 다쳤다는 것을, 흘러내린 피를 만져보고서야 알았다. 그때야 그는 놀라며 어린아이처럼 엉엉 울었다. 우리 포대는 완전 비상사태였다. 파티 장소에서 폭발 때문에 네 명이 사망했다. 두 명은 형체를 알 수 없을 정도였다. 곳곳에 피비린내가 가득했다. 우리 수송부 막사에도 두 발의 폭발이 있었다. 한 발은 안타깝게도 나에게 잠자리를 권유했던 2호 차 운전병 침대에서 폭발했다. 당연히 침대가 벌집처럼 되었다.

만일 내가 운전병의 호의를 받아들여 그 자리에서 잤다면 나는 이미 이 세상 사람이 아니었을 것이다. 아찔한 순간이었다. 그리고 한 발은 다행히도 복도에서 폭발해 인명 피해는 없었다. 나는 이번 죽음에서 살아남은 자였다. 파티장 통신대 막사에서 사망한 네 명의 병사는 모두 다음 날 귀국할 예정이었다. 기가 막힐 노릇이었다.

귀국할 병사 일곱 명 중 네 명이 그날 밤 전사하다니!

죽은 자들은 전날 어이없이 죽음의 파티를 벌인 셈이다.

아쉽게도 그 짧은 시간을 넘기지 못하고 허무하게 죽어야 한단 말인가? 4시간만 무사했었더라면, 그들은 사랑하는 가족을 만나게 되었을 텐데… 이렇듯 삶과 죽음은 가깝고 짧았다. 전쟁은 살아남은 자들에게 언제든 당신의 목숨을 가져갈 수 있다고 비웃는 것 같았다. 누구도 생명을 보장할 수 없다.

죽음이 항상 따라다니는 곳이 전쟁터다. 적을 죽여야 내가 살 수 있다. 이번 사고 이후, 해가 서산에 지면 두려운 마음이 들었다. 오늘밤은 무슨 사건이 일어날지 심장이 떨려왔다. 어두움이 몰려올 때마다 마음속 깊은 곳에 죽음에 대한 두려움과 공포 또한 함께 왔다.

시간이 지나면서, 그때 있었던 사건에 대한 기억은 머릿속에서 조금씩 잊혀 간다. 그래서 세월이 약인가 보다. 하지만 그때 귀국하려던 병사들의 안타까운 상황을 생각하면 지금도 가슴이 아프다.

아까운 청춘은 왜 그렇게 가야만 했을까!

그나마 살아남은 병사들이 귀국하게 되면서, 나는 다음날부터 보급차 운전과 발전기를 관리하는 일을 맡게 되었다. 시내 운행을 많이 하면서 민간인처럼 돌아다니는 군 생활이 재미있었다. 자주 월남 주민들과 교제하는 시간이 있어서 그들의 삶에 대해 조금은 이해할 수가 있었다. 덕분에 좋은 일도 생겼다. 모범 사병의 표창을 받는 보람도 그중 하나였다.

월남에서는 매년 겪어야 하는 우기가 있다. 11월에서 다음 해 1월까지 석 달 동안 비가 끊임없이 내린다. 특별히 내가 있었던 우기 때는 더 많은 비가 내렸다. 그동안 비가 너무 많이 내려 보급 수령을 며칠 동안 하지 못하여 비치된 식품이 완전 동이 났다. 미군 헬기 수송을 요청했으나 폭우로 헬기가 뜰 수 없다는 것이다. 그때 보급과장이 나에게 찾아와 말했다.

"정 병장!
오늘은 꼭 보급 수령을 가야 해!
그래야 포대 병사들이 먹고살 수 있어!"

온 세상이 물바다였다. 물, 물, 온 땅이 물이었다. 하늘에서 쏟아지는 물, 땅에서 흐르는 물. 디엔칸시는 완전히 물에 잠겨서 도시의 형체를 알아볼 수 없게 되었다. 그런데도 우리는 보급 수령에 나서야 했다.

경계병 2명과 보급과장과 함께 보급 수령에 나섰다. 두려웠지만 나트랑에 있는 보급창을 향해 출발했다. 온 천지가 물바다라서 자동차가 절반 정도는 물에 잠겨서 나아갔다. 약 40분을 흐르는 굴살을 가르며 운행하는 동안 엉금엉금 기어간 차는 물살 때문에 차체가 흔들리고 있었다. 정신이 빙빙 돌았고 현기증이 났다. 그러나 정신을 똑바로 차려야 했다. 자칫 길둑 밑으로 떨어지게 되면 우리 모두 죽을 수 있었다.

최대한 조심했지만 도로 가운데 웅덩이가 있는 것을 모르는 경우가 있다. 결국, 강하게 흐르는 물의 힘 때문에 그만 한쪽 타이어가 웅덩이에 빠지고 말았다. 차가 움직이지 않았다. 큰일이었다. 물살 때문에 이러지도 저러지도 못했다. 이때 베트콩이라도 나타나서 습격하면 고스란히 당할 수밖에 없었다.

해가 저물고 밤이 되면, 베트콩이 활개를 치는 시간이다. 물론 장마로 말미암아 베트콩의 기세가 약해지기는 했지만, 위험한 것은 사실이었다.

우리는 급히 포대에 SOS 무전으로 연락해서 대형 구조차의 구조를 받았다. 덕분에 그 위험한 순간에도 보급 수령을 할 수 있었다.

전선의 밤, 월남에서 부르는 노래

밤 12시, 경계 근무로 초소에 나가 보초를 서는 시간이었다. 이날 밤은 유난히 달빛이 밝았다. 땅을 기어다니는 개미 새끼까지 보일 정도로 밝은 보름달이었다. 그토록 고요한 밤중에 가까운 숲에서는 벌레가 "찌르르, 찌르르" 울어 대며 적막한 산야를 울리고 있었다. 뜨겁게 내리쬐던 무더위도 서서히 누그러졌다. 온 천지가 잠들어 가는 달빛 아래서 내 영혼도 스르르 잠이 들 것 같은 피곤함이 몰려왔다. 하지만 만약 잠을 자다 상관에게 들키면 감옥행이다.

그야말로 평화로운 밤이다. 하늘에는 쏟아질 듯 무수한 별이 나를 내려다보고 있었고, 강 건너 디엔칸 마을에는 드문드문 가로등 불빛이 평화를 상징하는 것처럼 보였다.

"저렇게 평온한 마을을 누가 전쟁터라고 말할 수 있겠는가?"

그렇게 얼마 동안 정적과 시간은 고요히 흐르고 있었다. 하지만 잠시 후, 디엔칸 마을 한복판에서 폭음 소리와 총탄이 하늘을 가르며 치솟아 올랐다.

"따-따! 따라라라락, 쿵! 쾅!"

연속적으로 솟아오르는 조명탄으로 하늘은 불바다로 변했다. 마치 땅이 갈라지는 듯한 폭음 소리, 기관총 소리는 끝날 줄 모르고 계속되었다.

쉴 새 없이 쏟아지는 폭발 속에서 얼마나 많은 사람이 죽을지 염려가 되었다.

"얼마나 무서운 공포를 감당해야 할까!"

전쟁터에 머물면서 잠시도 안전한 곳이 없다는 생각에 인생을 사는 것 자체가 서글프고 가슴이 아팠다. 무엇을 위해 세상 사람들은 저렇게 죽고 죽이는지 질문해 보지만, 답이 없다는 것이 더 큰 실망이었다. 너나 할것 없이 귀중한 생명인데 무참히 죽어가야 한다는 것이 황망하고 서러웠다.

"아, 사람 사는 것이 이렇게 허무한 것이구나!"

폭탄이 진동하는 강 건넛마을을 보면서 의문이 밀려왔지만, 누구도 정확한 답을 줄 수 없었다. 전선의 밤하늘 위에서 아름답게 빛나는 별들만 인간의 전쟁에 관심이 없다는 듯 다정히 속삭였다. 누구에게나 이유를 알 수 없는 죽음이 언제든 다가올 수 있다고 생각하니 인생이 허무하게 느껴졌다. 죽음이 가까이 있다고 생각하니, 어릴 적 마을 친구들과 정답게 지냈던 추억이 그리워졌다.

어느 정도 시간이 지난 후, 폭음으로 진동하던 마을도 서서히 고요해졌다. 다시 아름다운 밤을 되찾은 마을은, 아무 일도 일어나지 않았던 것처럼 정적이 흘렀다. 하늘의 별들도 조용히 마을을 내려다보는 것 같았다. 그렇게 울어대던 풀벌레들까지 소리를 감추고 침묵하고 있었다.

고요가 찾아오자 어린 시절 밤샘하며 놀던 고향 땅이 더욱 사무치게 그리워졌다. 가난했지만 천진하게 자라던 시절은 잊을 수 없는 동심의 고향이다. 오솔길 달빛 사이로 친구들과 함께 가설극장 가는 것도 하나의 추억으로 남았다.

'아, 이 시간에 나의 벗들은 무엇을 하고 있을까?'

생각이 꼬리를 물고 이어졌다.

친구들은 머나먼 전쟁에서 생명의 위험을 당하며 보초를 서고 있는 나의 심정을 알까?

아니, 나를 기억이나 할까?

반드시 전쟁터에서 살아남아 친구들에게 이 밤의 이야기를 들려주리라 다짐하고 마음 졸이며 보초를 섰다. 밤하늘의 별들이 고향의 친구들에게 이 광경을 들려주리라는 망상도 하면서 말이다.

월남전 2차 파병

　시간은 흘러 1년의 월남 생활을 마치고 고국으로 돌아갈 시간이 왔다. 기쁘면서도 아쉬운 순간이었다. 나트랑 부두를 출발한 우리는 순풍에 돛을 달고 부산항에 도착했다. 보충대에서 약 1주일간 머물면서 각자 월남전 복무 수당을 현금으로 받았다. 그렇게 받은 현금 다발은 두둑했다.
　그래서인지 보충대 주변에는 많은 꽃뱀이 우리의 호주머니를 노리고 있었다. 누구든지 보충대 담장을 넘어가면 가진 돈을 다 털리고 만다. 간혹 마음이 약한 이들은 부대 주변에 잠복하고 있는 꽃뱀들에게 속아 피 값으로 받은 돈을 몽땅 털리는 이들도 있었다.
　나는 뿌듯한 마음으로 현금 다발을 들고 고향에 돌아왔다. 부모 형제들은 나의 무사 귀환을 환영하며 기쁨의 눈물을 흘렸다. 하지만 나의 군 복무 기간은 아직 끝나지 않은 상태였다. 며칠의 휴가를 끝내고 다시 경기도 포천시 이동면에 있는 화학 연막중대에서 약 석 달을 복무했다.
　내가 월남전에서 돈을 벌어왔다는 것을 안 상사들은 나를 가만히 놔두지 않았다. 그들은 노골적으로 뇌물을 원했다. 그때 나는 한국에서의 군생활이 내 적성에 맞지 않는다고 생각했다. 그리하여 우여곡절 끝에 월남전 재파병을 신청했다. 재파병하게 되면 원래 복무했던 분과로 가지 못하는 게 일반적이었다. 운전병은 법적으로 더더욱 재파병이 허락되지 않았다.

하지만 나는 기적적으로 다시 파병에 성공해 오음리에서 교육을 마치고 두 번째 월남전 참전을 위해 부산항으로 갔다. 한 번 가본 곳이라 익숙했지만, 이번 항해는 이전과 달랐다. 제주 앞바다에서부터 배가 심하게 흔들리기 시작했다. 산처럼 높은 파도가 금방이라도 우리가 타고 있는 배를 삼킬 듯 달려들었다. 배는 아슬아슬하게 곡예를 하듯 파도를 타고 올랐다가 아래로 떨어졌다. 그럴 때마다 몸속의 장기가 밖으로 쏟아질 듯 심한 고통을 겪었다.

계속되는 거친 파도 때문에 음식을 먹기는커녕 먹었던 음식까지 토해내어 기진맥진한 상태였다. 배 곳곳에는 고통으로 아우성치는 병사들의 모습이 보였다. 배 밑바닥은 눈 뜨고 볼 수도 없을 정도였는데, 토설한 음식들로 발 디딜 틈이 없었다. 악취가 어찌나 심한지 그야말로 생지옥을 방불케 했다. 여기저기 신음만 들려왔다. 차라리 전쟁의 포화 속이 낫겠다 싶어질 정도였다.

과연 우리는 이 거친 파도에서 살아남을 수 있을까?

갑자기 여기서 죽을 수 있을 것 같다는 두려움이 확 밀려왔다.

5일에서 일주일이면 도착할 수 있는 물길을 10일이 지나 월남의 나트랑 항구에 도착했다. 며칠 동안 아무것도 먹지 못하고 장시간 토해내어 내장은 완전 비어 있는 상태였다.

그렇게 우여곡절 끝에 월남에 도착해 판랑에서 3주 교육을 마치고 지난 1차 파병 때 근무했던 곳과 같은 곳으로 배정받았다. 소속만 다른 백마 30연대 1대대에서 급수차 운전을 담당했다. 때로는 급수와 보급차 운전까지 겸하면서 바쁜 나날을 보냈다.

매일 일과 중 마지막 급수지가 제3중대였다. 적의 습격을 당할 수 있어서 저녁에는 그곳에 들어가 잠을 잤다. 그리고 아침에 급수장을 나올 때는 탐지병들이 도로의 폭발물 탐지 작업 후, '이상 무'라는 연락을 받고서야 움직일 수 있었다.

3중대에서 복무했던 김 하사는 늘 나와 같이 술을 즐기면서 친하게 지내던 사이였다. 언제나 김 하사는 물을 싣고 오는 나를 물탱크 옆에서 기다려 주었다. 우리 두 사람은 종종 밤에 바나나 나무 아래서 맥주를 마시며 고단한 인생 삶을 털어놓았다. 지나온 이야기를 나누며 서로를 위로했다. 힘든 전쟁 상황 속에서 친구처럼 지냈다.

하루는 김 하사가 월남산 고량주 한 병을 사 오라고 나에게 부탁했다. 술을 좋아했던 나는 고량주를 사서 같이 한잔할 기대감에 부풀었다. 3중대에 도착했는데 기다리고 있어야 할 김 하사가 보이지 않았다. 갑자기 불안한 예감이 들었다. 어쨌든 술을 전해 주려고 3분대로 찾아갔다. 하지만 다른 병사에게 들은 소식에 아연실색했다. 김 하사가 전날 저녁 매복지에서 전사했다는 것이다.

크레모아 폭발로 사고를 당했다고 그의 부하들이 전했다. '크레모아'는 미군이 사용하는 대인용 지향성 산탄 지뢰다. 이 지뢰는 6.25 전쟁 당시 중국의 인해 전술을 경험한 후 이를 막기 위한 것으로 개발되었다. 하지만 실전 투입은 월남전에서였다.

그의 비운을 듣고 나는 충격에 휩싸였다. '어떻게 이렇게 허무하게 죽을 수 있는지….' 전쟁터에서 죽어 나가는 것은 흔히 있는 일이지만, 김 하사의 죽음은 참으로 가슴 아픈 일이었다.

재파병으로 온 한 병사는 1차 파병 때 첨병 임무를 하면서 작전에 많은 성과를 올린 경험이 있었다고 했다. 그는 2차 때도 첨병 업무로 좋은 전투 기록을 세웠다. 참고로, 첨병은 전투 지역 행군 시, 부대가 안전하게 이동하도록 위험을 무릅쓰고 수색하면서 먼저 나아가는 군인을 말한다.

그가 1년 근무가 끝내고 귀국을 한 달 앞둔 상태였다. 중대장에게 찾아가서 남은 한 달 동안이라도 쉬게 해달라고 요구했고 중대장도 그렇게 하기로 약속했다. 그런데 그 무렵 중요한 연대 작전이 있었다. 중대장은 부득이한 사정으로 첨병 군인에게 한 번만 더 작전에 임해 줄 것을 요청했다. 그는 할 수 없이 작전에 허락했고, 투입된 전투에서 목숨을 잃고 말았다. 참으로 안타까운 일이었다. 전우의 시체를 넘고 넘어 살아남았다 해도 그 마음에는 여전히 생채기가 되어 남는 법이다.

그러는 사이 나의 귀국 날짜가 다가왔다.

월남 생활 10개월이 지난 어느 날 점심시간에 식당에 들어서자 수송관이 나에게 말했다. 제대 날이 지났으니 빨리 귀국해서 제대하라고 말했다.

나는 이렇게 말했다. "아닙니다. 일 년 채우고 귀국하겠습니다."

그랬더니 수송관이 다시 이렇게 말했다.

"아니야, 국방부에서 서둘러 귀국해서 제대하라고 지시가 왔어!"

아쉬웠지만, 나는 명령에 복종해 제대했다. 지금 생각하면, 삶과 죽음이 한 끗 차이인 전쟁터에서 더 머물겠다고 하는 병사는 아마 내가 유일하지 않았을까 생각된다. 그만큼 나를 기다리는 고국의 삶이 호락호락하지 않으리라는 것을 알고 있었기 때문이다. 돌아간다고 해도 내가 있을 곳이 있을지 불안한 마음도 작용했다.

또 다른 인생 항로, 파독 광부

　귀국하는 길에서도 나는 미래를 고민했다. 제대 후 무슨 일을 하고 살아야 할 것인지 막막했다. 귀국 후 6개월 동안 고향에서 부모님의 농사일을 도우면서 외부와 단절된 삶을 보냈다.
　그때 내 맘속에, 삶에 대한 숱한 고민과 불안이 엄습했다. 주변엔 어느 사람도 내 편은 없었다. 스스로 길을 찾지 않으면 이대로 낙오자가 될 것이라는 생각이 들었다. 어느 날은, 이런 내 모습이 처량했는지 아버지가 말을 건넸다.
　"오늘은 장날이니 시장에 가서 친구도 만나고 네 시간 좀 가져라!"
　아버지 말씀에 따라, 시장에 나가 사람들과 술 한 잔 나누면서 이런저런 이야기를 나누었다. 하지만 그들 역시 나에 대해 좋은 대안을 주지 못했다. 그런데도 삶에 대한 고민이 많아지자 자연히 술과 가까운 생활을 하게 되었다.
　어린 시절 술에 만취한 아버지의 모습이 싫었다. 하지만 나 역시 술이 그렇게 달콤할 수가 없었다. 아버지가 술을 의지한 이유를 어렴풋이 알 것 같았다. 나에게 술은 좋은 친구고 용기를 주는 힘이었다. 술로 시작해 술로 끝나는 날이 많았다. 술이 없으면 재미없는 삶이었다. 그런 삶을 지속하자 주변에는 술친구만 몰려들었다.

술을 좋아하는 이들이 모이니, 술은 술을 불러, 마실 기회가 더 많이 생겼다. 술이 들어가니 헛된 욕망도 커졌다. 내 여건에서 능력껏 살기는 힘들고 성공을 위해서는 불법을 해서라도 소원을 이뤄야 한다는 마음이 가득했다. 그렇게 술은 그 안에서 힘을 발휘하며 나의 절대적 지지자가 되었다.

그러나 마냥 술에 절어 미래를 기다릴 수는 없었다. 나이는 먹어가고 먹고살 만한 대책이 필요했다. 친구들이나 아는 지인들에게 일자리를 부탁하기도 했다. 하지만 나는 남들에 비해 가지고 있는 학벌이나 재능이 없어 쉽지 않았다.

기댈 곳이 하나도 없었지만 이대로 포기하기는 죽어도 싫었다. 어느 날 한 친구가 찾아와 말했다.

"서독 광부 모집이 있는데 가지 않겠나?

자네가 서독 가기를 원한다면, 내가 도와줄 수 있어!"

독일 광부 소식은 내 귀를 번쩍 띄게 했다. 파독을 위해서는 광산 경력이 최소 15개월 정도로 광산 근로 확인서가 필요했는데, 친구가 가짜로 만들어온 경력서에 버젓이 15개월이라고 명기되어 있었다. 그렇게 서류를 받아 서울로 올라가서 접수 하루 전날 문서를 자세히 살펴보았다. 그러다 정작 내가 군대에서 제대한 지 14개월밖에 지나지 않았다는 것을 알았다.

그렇다면 이미 제대 한 달 전에 광산에 입사한 꼴이 된다. 가짜 서류라 미처 확인이 안 된 것이다. 고민 끝에 다시 서류를 14개월로 고쳐 접수처에 제출했다. 심사하는 사람이 나를 빤히 쳐다보더니 버럭 소리를 질렀다.

"이 양반아, 왜 가짜 서류를 내는 거요?"

그의 성난 얼굴을 보자 절망감이 느껴졌다. 난 속으로 '독일 가는 것은 이제 끝이구나'라고 생각했다. 잔뜩 수심에 잠겨 접수자에게 말했다.

"그저 미안할 뿐입니다."

그리고 어정쩡하게 심사석 앞에 서 있었다. 그는 나를 힐끗 쳐다보더니 말을 이었다.

"일단 계속 진행하시오!"

나는 알겠다고 말은 했지만, 이미 모든 기대가 사라져 버린 상태에서 마지못해 순서를 따라가며 모든 절차를 끝까지 마쳤다.

다음날은 발표일이었다. 하지만 희망은 저만치 멀어져가고 있었다.

자포자기한 심정으로, 다른 사람에게 혹시나 내 이름도 있는지 확인만 해 달라고 부탁했다. 약 2시간 후 접수 합격자 발표를 보러 간 그 사람은 잔뜩 실망한 표정으로 돌아왔다. 그러고는 자기 이름은 합격자 명단에 없고, 내 이름은 명단에 있다고 말했다.

믿어지지 않았다. 벌떡 일어나 달려가, 직접 눈으로 확인했다. 분명 내 이름 석 자가 있었다. 기적이 일어난 것이다. 내 접수 번호가 13번인데 앞과 뒤로 구멍이 난 것처럼 내 앞번호도 없고 뒷번호도 탈락한 것 같았다. 합격할 것으로 생각했던 사람들은 떨어지고, 나는 운명처럼 붙은 것이다.

그때 파독 광부 지원은 내 삶의 결정적인 전환점이었다. 당시 대학 출신자도 지원한다는 파독 광부에 6대 1의 경쟁률을 뚫고 합격했다. 지금 와서 생각해 보면 하나님이 분명 나의 처지를 불쌍히 여기시고 은혜를 주신 것이다.

파독 광부를 위한 4주간 교육을 마친 후, 개발 공사에서 통보가 올 때까지 집에서 기다렸다. 3일 만에 편지가 날아왔다. 빨리 출국 준비를 하라는 것이다. 모든 것이 신기할 만큼 일정이 맞아떨어졌다.

독일 출발이 늦어졌다면 경제적인 부담과 어려움이 많았을 것이다. 독일에 오기 위해 필요한 비용은 비싼 이자로 돈을 빌렸다. 그러기에 그 돈을 갚는 기간이 길어질수록 돈의 액수는 눈덩이처럼 커질 수밖에 없었다.

나는 출국 하루 전에 서울에 올라와 친구들과 작별 인사를 했다. 친구들은 서울의 을지살롱에서 송별 파티를 해 주었다. 우리는 시간 가는 줄 모르고 다음 날 새벽 2시까지 만취가 되도록 놀았다.

다음 날 아침 6시까지 마포구 동교동에 있는 해외개발공사 앞에 도착해야 했다. 우리를 공항으로 태워 갈 버스가 아침 6시에 해외개발공사 앞에서 출발하기로 되어 있었기 때문이다. 그래서 우리는 3시간 동안 잠시 쉬었다가 떠나기로 하고, 친구들은 공항에서 배웅하겠다고 약속했다. 통행금지 때문에 지배인의 인도를 받아 서로 다른 호텔에 흩어져 잠을 자게 되었다. 그때만 해도 자정만 지나면 문밖에 나갈 수가 없었다.

나는 지배인의 안내로 가장 가까운 호텔에서 2시간 반 정도 쉬다가 출발해야 했기에, 옷을 입은 채로 잠시 쉰다는 것이 그만 깜박 잠이 들었다. 놀라서 눈을 떴을 때는 이미 아침 6시 30분이 지나고 있었다. 하늘이 노랗게 보였다. 해외개발공사에 도착하기도 전에 이미 약속 시각이 지났으니 참으로 큰일이었다. 친구들이 어느 호텔에서 자고 있는지도 알 수 없었다. 나는 급하게 서둘러 막 신혼살림을 차린 친구 집 문을 두드렸다.

친구 부인이 문을 열어주었다. 친구가 아직 들어오지 않았는지 물었다. 그러자 부인은 어제 함께 송별 파티를 하고 안 들어왔다고 하는 것이다. 나는 엉겁결에 동교동까지 빨리 가야 하는데 돈이 부족하다고 말했다. 친구 부인은 즉시 만 오천 원을 건네주었다. 나는 곧바로 택시를 타고 동교동에 도착했다.

하지만 버스는 이미 오전 6시에 공항으로 출발하고 없었다. 약속 시각보다 2시간이나 늦은 것이다. 다급한 나는 택시 기사를 재촉해 공항으로 향했다. 공항 입구에 들어서자, 마침 해외개발공사 직원이 내 이름을 부르며 찾아다니고 있었다.

"네, 저 여기 있습니다."

"아니 당신 독일 안 갈 거요?"

"아휴, 늦어서 죄송합니다."

직원은 내가 든 가방을 보고 의아해 했다. 가방이 하나뿐이냐고 물었다. 그때 나는 가지고 갈 짐이 없어서 큰 가방이 필요하지 않았다. 옷 두 벌에 속옷 세 벌이 전부였다. 짐 전부를 통틀어 기내에 들고 탈 수 있는 가방 하나를 채우지 못했다. 직원은 어이없다는 듯이 고개를 가로저었다.

곧바로 탑승 준비를 하고 한상준 해외개발공사 사장의 송별사가 시작되었다. 그제야 나는 안도의 숨을 내쉬었다. 3분만 늦었어도 독일에 갈 수 없었을 것이다.

드디어 독일로 가는 비행기에 탑승했다. 그때 김포공항 홀에는 파독 광부들인 우리 일행만 있었던 것으로 기억된다. 우리 비행기는 에어프랑스 전세기였다. 사람들이 공항에 들고 온 짐은 이민 보따리처럼 큰 가방을 2, 3개씩 들고 있었다. 3년을 있어야 하니 그럴 만했다.

하지만 내가 가진 짐은 달랑 가방 하나였다. 그것도 기내에 들고 탈 수 있는 것이 전부였다. 지금 생각해도 나의 출발은 너무 초라했다. 계산대 직원이 말했다.

"이 짐이 전부인가요?"

"네, 이것이 전부입니다."

"3년이나 긴 시간을 독일에서 지낼 텐데 짐이 너무 적네요."

"네."

"금방 다시 돌아오실 건가 보죠? 하하."

직원은 내 가방을 보며 자꾸만 고개를 갸우뚱했다.

"네, 필요한 것들은 독일에서 사면 될 것입니다."

참 알다가도 모를 것이 인생이다. 지금 돌이켜보면 나는 무조건 도전하고 겁 없이 행동했기에 인생이 성장했다고 생각한다. 그런데도 좀 더 적극적으로 살지 못한 것에 대해 아쉬움이 남는다.

그렇게 나는 독일을 향해 인생의 첫발을 내딛게 된다.

독일에서 무엇을 먹나?

1974년, 독일 아헨의 알스도르프(Alsdorf)에 도착했다. 무엇보다 먹고살아야 하기에 수저와 냄비 등 음식 도구를 사야 했다. 방 배치를 받는 동안 한국 식품점을 운영하는 분이 쌀 25kg 한 포와 된장 700g, 고추장 700g 한 개, 간장 한 병을 외상으로 주었다. 하지만 밥솥과 식사 기구 및 다른 것들은 모두 시장에서 사야 밥을 해 먹을 수 있었다. 우리는 방 하나에 2인용 침대방을 배정받았다.

다행히도 방을 같이 쓰는 분이 한국에서 밑반찬과 모든 식사 기구를 가지고 왔다. 나는 식사 도구를 사들이기 전까지는 그분의 도움을 받았다. 그릇을 사서 밥과 감자찌개에 고추장을 넣어 반찬 한 가지로 먹는 밥은 입에 사르르 녹을 정도로 맛있었다.

독일 시장에서는 한식에 적합한 식품이나 채소 등을 팔지 않던 시기였다. 배추, 호박, 무 등 우리가 많이 먹는 채소는 시장에 없었다. 우리 입맛에 맞는 채소라고 해봐야 시금치와 상추 정도였다. 양배추를 채로 썰어 시큼하게 만든 사우어크라우트를 사서 반찬으로 먹기도 하고 시금치를 데쳐 나물로 먹었다.

한 번은 돼지고기 200g을 사서 찌개를 만든 적이 있다. 그런데 맛을 보니 간이 짜서 먹지 못하고 모두 쓰레기통에 버렸다. 며칠이 지나 선배들에게 돼지고기찌개 이야기를 했더니 그 고기는 소금물에 절인 훈제 고기라는 것이다. 독일에서는 고깃값이 한국보다 저렴한 편인데도 고기를 잡는 푸줏간에서 돼지머리와 발목 소뼈는 그냥 얻어먹을 수 있었다. 물론 지금은 독일에서 고급 식품으로 팔리고 있다.

우리는 도착하자마자 4주 동안 광산 교육을 받았다. 교육 과정이 끝나자 곧바로 지하 1,000미터 이하 지하 갱도에서 일을 시작했다. 그곳은 약 36도에서 40도를 웃도는 더위 속이었다. 게다가 강력한 바람에 날리는 연탄 가루 먼지가 얼굴에 부딪혀서 눈을 제대로 뜰 수가 없고, 그 먼지를 입과 코로 들이마실 수밖에 없다. 너무 더워서 흐르는 땀이 고무장화에 고여 시간마다 장화를 벗어 고인 땀을 비워야 했다.

광산 일이 나에게는 너무 힘들었다. 과연 끝까지 광산 생활을 견뎌낼 수 있을지 염려가 되었다. 그런데도 하루하루 인내하면서 끝까지 잘 해냈다. 견디다 못해 도중하차 하는 사람도 있고, 사고로 손이 잘리는 일도 있었다. 우리 중 손가락이 잘린 어떤 분은 현금 9만 8천 마르크를 보상받아 광산 생활 2년 만에 고향으로 돌아갔다. 당시 그 정도 액수면 강원도 강릉에서는 큰 부자 수준이라고 했다. 그래서 사고를 당해 보상금을 받고 귀국한 사람을 부러워하는 한인 광부들도 있었다.

독일 사람에게는 첫인상이 중요했다. 첫눈에 독일인에게 잘못 보인 사람은 끝까지 이미지가 좋지 않았다. 하지만 처음부터 인정받으면 끝까지 잘 돌봐 주고 약간의 실수가 있어도 이해해 주었다. 독일에서는 성실히 일하면 인정을 받게 된다. 나 역시 최선을 다해 일했다. 장인은 그런 나를 살갑게 대해 주었다. 주말 근무는 장인의 마음에 드는 사람만 일을 얻을 수 있었다.

모두가 주말 근무를 선호했다. 주말엔 수당을 두 배로 받기 때문이다. 장인은 주말마다 유독 나에게만 일을 주었다. 문제는 주말엔 출근 버스가 없다는 것이다. 하지만 그는 약 15킬로나 되는 거리를 와서 차를 태워주었다. 그는 나에게 큰 은혜를 베풀어 준 사람이다. 그런데 아이러니하게도 그는 광산에서 이름날 정도로 악명 높은 사람이었다. 하지만 나에게만큼은 성인군자였다.

당시 독일에서 3년 동안 모은 돈이면 한국에서 웬만한 장사 밑천은 되었다. 그래서 희망을 품고 독일에 와 열심히 일했다. 또한, 그동안 모은 돈으로 빚을 갚아야 했다. 그것은 내가 독일에 오기 위해 약 두 달 동안 서울에서 독일행을 준비하면서 사용한 여관비와 식비 등의 비용이었다. 어떤 사람은 광부 모집에 두 번이나 탈락하고 세 번째 어렵게 독일에 왔지만 3년 동안 모은 것으로도 빚을 다 갚지 못해 애를 태웠다.

내가 독일에 온 후로 한국에서는 인플레이션이 휘몰아쳐 독일에서 마르크를 송금해도 한국의 돈 가치가 하락했다. 실상 액수는 높지만, 이전 생각처럼 그렇게 실용적으로 저축하지 못했다. 3년 동안 모은 것은 기대에 크게 미치지 못했다.

그래서 어떤 이는 미국이나 캐나다로 떠나고, 어떤 이는 도박으로 모은 돈을 다 날린 채 빈손으로 초라하게 가족에게 돌아가기도 했다. 그토록 기대를 걸고 찾아온 독일에서의 광부 생활도 일확천금을 벌어다 주지 않았다. 그래도 나는 나름대로 열심히 노력한 결과 인생의 유익한 열매를 얻었던 것 같다. 무엇보다 하나님께서 나를 아브라함같이 독일로 불러내어 이곳에서 주님을 만나게 하신 것이 가장 큰 유익이었다.

미혼이었던 나는 결혼도 시급했다. 그 무렵에 과독 간호사를 만나 결혼한 친구가 있었다. 나는 그 친구의 아내로부터 소개받은 한인 간호사와 결혼하게 되었다. 첫인상을 보자 한눈에 결혼할 사람이라는 직감이 왔다. 사실은 아내와 결혼하기 전 여러 파독 간호사를 소개로 만났다. 하지만 나중에 생각해 보니 하나님께서 다 거절하게 하셨다. 결혼은 우연히 어떤 인간의 생각이나 욕심으로 이루어진 것이 아니다.

아내와 만나기 3일 전이다. 어떤 한인 간호사를 소개받은 적이 있다. 이후 그녀의 간호사 기숙사에 들어가 대화를 나누게 되었다. 그녀는 독일에 와서 고생한 이야기를 새벽 2시가 넘도록 털어놓았다. 나중에 집에 돌아왔는데, 이상하게도 그 여성에게 마음이 가지 않았다.

이후 아내를 만나게 되었다. 후에 들은 바로는, 아내는 내가 너무 말라서 탐탁하지 않았다고 한다. 나는 아내의 외모는 물론 풍기는 이미지도 마음에 들었다. 그래서 원거리를 마다하지 않고 찾아가 데이트를 했고 결국 결혼에 성공했다. 그리고 지금은 두 아들의 아버지와 어머니가 되어 행복한 가정을 이루고 있다.

아내와 결혼 후 받은 가장 큰 축복은, 예수님을 나의 구세주와 왕으로 만난 것이다. 한국에서 살았다면 복음을 받아들이기 어려웠으리라 생각된다. 왜냐하면, 주위를 둘러싼 환경은 예수를 쉽게 믿을 수 있는 여건이 아니었다. 고집스럽고 무지했으며, 무엇보다 술을 인생의 낙으로 삼고 살던 나였기 때문이다.

하나님은 그런 나를 독일로 끌어내셔서 오직 하나님의 도움만 바라볼 수밖에 없는 환경으로 몰아넣으셨다. 내 힘으로 살아보겠다고 발버둥 치다가 인생 난간에서 절망하며 삶에 지쳐 인생 한계에서 방향을 찾지 못하는 나에게 주님이 찾아오셨다.

수고하고 무거운 짐 진 자들아 다 내게로 오라 내가 너희를 쉬게 하리라 (마 11:28).

하나님께서 나를 택하시고 위로하시고 힘주셔서 세상에서 잘 싸우는 군사로 세우신 것이다. 또 훌륭한 두 아들에게는 착한 며느리들을 허락해 주셔서 아름다운 가정도 이루어 주셨다. 모든 것이 하나님의 은혜로 된 것이다. 지금까지 나를 인도하신 하나님의 은총을 감사하며 늘 부르고 싶은 찬송이 있다. 요즘도 이 찬송을 부르면 눈물이 난다.

나의 갈 길 다 가도록 예수 인도하시니
내 주 안에 있는 긍휼 어찌 의심하리요
믿음으로 사는 자는 하늘 위로 받겠네
무슨 일을 만나든지 만사형통 하리라
무슨 일을 만나든지 만사형통 하리라

나의 갈 길 다 가도록 예수 인도하시니
어려운 일 당한 때도 족한 은혜 주시네
나는 심히 고단하고 영혼 매우 갈하나
나의 앞에 반석에서 샘물나게 하시네
나의 앞에 반석에서 샘물나게 하시네

나의 갈 길 다 가도록 예수 인도하시니
그의 사랑 어찌 큰지 말로 할 수 없도다
성령 감화 받은 영혼 하늘나라 갈 때에
영영 부를 나의 찬송 예수 인도하셨네
영영 부를 나의 찬송 예수 인도하셨네.

제3장

영혼의 신비를 맛보는 삶

―――

그 후로 사람들은 나를 더 이상 초대하지 않았다.
그리고 주변에서는 '승식이가 미쳤다'고 혀를 차거나,
바보 같은 자라고 비난했다.
그런 말을 들을수록
나의 마음은 예수가 더 좋고 감사했다.
누구도 이해할 수 없는 영적인 기쁨을 알기 때문이다.

부부 그리고 가정

부부는 서로 다투며 상처 주고,
상처 주는 언쟁으로 내 잘못 네 잘못
자존심 대립을 하며 싸우고

서로 속았다고 후회하지만
그렇게 지난날들을 돌아보면
그것이 우리들의 사랑이었어요!

서로가 갈등하며, 인내는 성숙으로 변화되는
진정한 부부였습니다.
결혼은 인간 완성!
그래서 서로 다른 점을 알아가고 받아주는 것
그렇게, 둘이 하나가 됩니다.

1978년, 아내가 첫 아이를 가졌다. 당시 우리는 임시로 병원 기숙사에서 살고 있었다. 하지만 가족이 장기간 살 수 있도록 허락된 기숙사는 아니었다. 아이가 태어나기 전에 서둘러 다른 곳으로 이사해야 했다. 그때부터 월세집을 찾기 시작했다.

신문 광고를 통해 집주인을 만나기로 약속하고 만삭인 아내와 함께 찾아갔다. 집주인은 배가 불룩한 아내를 보고는 다른 사람과 집을 계약했다며 문을 닫아 버렸다.

실망감은 이루 말할 수 없었다. 발길을 돌려 집에 돌아와 가만히 생각하니 그들의 행동이 수상하다는 생각이 들었다. 가까운 독일인에게 부탁해 그 집에 전화를 걸어 보라고 부탁했다. 확인한 결과 "집이 비어 있으니 와서 보라고 했다"는 것이다. 외국인을 차별하는 모습 같아 자존심이 몹시 상했다. 대부분 집주인은 임산부나 아이들이 있으면 월세 주기를 꺼렸다.

독일법은 아이가 있는 부부나 임산부를 보호하는 법이 있어, 주인 마음대로 세입자를 내보낼 수 없다. 그러기에 반대로 임산부나 아이가 있는 사람들은 새로 집을 얻기가 쉽지 않았다. 그 후 우리는 여러 차례 집을 찾았지만, 매번 주인에게 거절당했다.

자존심이 상한 우리는 아예 집을 사기로 하고 복덕방을 통해 아파트를 구매했다. 아파트를 산 후 우리는 마음이 편안해졌다. 그 후 우연히 한독 가정을 방문하게 되었다. 그들에게 아파트를 사게 된 경위를 자세하게 설명했다. 그때 독일인 남편이 말문을 열었다.

"혹시 산 집에 세 들어 사는 사람이 있습니까?"

"네, 세 든 사람이 있습니다."

"아이들이 있습니까?"

"네, 아이가 셋입니다."

그러자 독일인은 깜짝 놀라며 말했다.

"당신들 큰일 났어요. 어떻게 그 사람들을 내보낼 거요?"

"예, 그야 우리가 주인인데, 주인이 내보내면 되는 거 아닙니까?"

하지만 독일법에서 계약은 불변의 법이다. 주인이 누구든 상관없이 계약 기간은 유효하다는 것이다. 만약 계약대로라면 그들은 7년 동안 살게 되어 있다. 그렇게 된다면 우리는 완전히 낭패를 당하게 된다. 자초지종을 들은 독일 사람은 우리에게 조언했다.

먼저 세 든 사람을 찾아가 이렇게 물으라고 했다.

"우리는 법을 잘 알지 못하고 집을 매입했는데 당신의 호의로 집을 좀 일찍 비워줄 수 있습니까?"

그리고 세 든 사람이 언제까지 집을 비울 수 있는지 확인하고 서명까지 받으라고 했다. 우리는 그의 말대로 세입자를 찾아가 아내가 임신해 불가피하게 이 아파트를 사게 된 사정 이야기를 했다. 세 든 사람은 이야기를 듣고서 이렇게 말하며 자필 서명까지 해 주었다.

"1979년 12월 말까지 집을 비우겠다."

그래서 우리는 안심하고 편안한 마음으로 돌아왔다.

하지만 12월 말이 되어도 집을 비워줄 생각을 하지 않아 다시 세입자를 찾아갔다. 해당 월까지 집을 비우는 약속을 지키라고 했다. 하지만 그들은 비웃듯이 다음과 같이 말했다.

"우리가 적합한 집을 찾다가 못 구했으니 우리에게 저렴하고 좋은 집을 구해 주세요."

참으로 어처구니가 없었다. 우리는 서명까지 받았으니 법적으로 처리하면 되리라 생각하고 변호사를 찾아갔다. 하지만 변호사가 계약서를 확인하더니 그 서약은 아무 효력이 없다고 말했다. 법적으로 효력을 얻으려면 세입자와 우리가 함께 법률 공증인을 통해 서약해야 한다는 것이다.

상황이 불리하게 된 것을 알고 여러 변호사에게 자문을 얻었다. 하지만 변호사들 모두 이렇게 말했다.

"법적으로 싸워도 99%는 우리에게 가망이 없다."

그들은 한결같이 법적으로 대응한다 해도 막대한 비용만 들고 승산은 없다고 단언했다. 우리에게는 아파트에 들어갈 희망이 없었다. 현 상황에서 우리에게는 기도하는 방법밖에 없었다.

주일에 교회에서 들은 말씀이 생각났다. 우리가 어떤 어려운 문제가 있어도 기도하면 도와주신다는 것을 기억하고 희망을 품었다. 하나님께 무릎 꿇고 기도할 때, 강한 자와 약한 자 사이에서 도우실 분은 오직 주님밖에 없다는 아사 왕의 기도를 생각했다.

> 여호와여 강한 자와 약한 자 사이에는 주밖에 도와줄 이가 없사오니 우리 하나님 여호와여 우리를 도우소서. 우리가 주를 의지하오며 주의 이름을 의탁하옵고 이 많은 무리를 치러 왔나이다. 여호와여 주는 우리 하나님이시오니 원컨대 사람으로 주를 이기지 못하게 하옵소서 하였더니 (대하 14:11).

열흘 정도 열심히 기도한 후, 아내가 나에게 제안했다. 이렇게 기다리고 있지 말고 친구의 남편인 독일인 벨테(Welte) 씨에게 찾아가 사정 이야기를 해보자는 것이었다. 우리는 계약서를 챙겨서 벨테 씨 집으로 갔다. 그들은 우리를 친절히 맞이하며 어려운 문제가 있는지 물었다. 우리 부부는 짧은 독일말로 사정을 설명했다. 독일의 법을 잘 모르고 아파트를 매입한 후 세입자와 문제가 생겼다고 말했다.

그렇게 이야기하던 중 50대 정도로 보이는 한 독일 여성이 벨테 씨 가정을 방문했다. 우리가 잠시 하던 이야기를 멈추자, 그 여성은 자기는 괜찮으니 하던 이야기를 계속 하라고 권했다. 우리는 하던 이야기를 이어서 설명했다. 우리 부부의 말을 듣던 여성이 동정하는 눈빛으로 우리를 도와주고 싶다고 했다. 그러면서 자기에게 사건을 맡길 수 있는지 물었다. 그때 옆에 있던 벨테 씨가 눈짓을 하며 허락하라는 신호를 주었다. 우리는 거부할 이유가 없었다.

"그럼 당신들의 집 서류 모두를 저에게 주셔야 합니다. 그렇게 하실 수 있겠습니까?"

그때 벨테 씨가 또 눈짓을 주며 그렇게 하라고 했다. 독일에서는 집의 귀한 서류를 함부로 주게 되면 법적 책임에 대한 권리를 주는 셈이다. 그러기에 서류를 함부로 다른 사람에게 주는 것은 대단히 위험한 일이다. 하지만 벨테 씨는 안심하고 집문서를 그 여성에게 주고 기다리라고 했다. 서류를 건네고 집으로 돌아와 우리는 계속 기도했다.

며칠이 지나 변호사와 약속이 있으니 사무실로 나오라는 연락이 왔다. 그 후 우리 쪽 변호사와 세입자 변호사와의 싸움이 약 10개월 동안 치열하게 계속되었다.

약 11개월이 지나 법원에서 편지가 왔다. 우리가 승리했다는 통보였다. 재판 비용은 만 2천 마르크였는데, 당연히 소송비 전액은 세입자의 몫이었다. 기적 같은 일이었다. 여러 변호사는 아예 승산이 없다고 거절했지만, 하나님의 생각은 달랐다. 하나님은 불가능을 가능하게 하는 분이시다. 우리와 전혀 안면도 없고 아무런 관계도 없는 여성이 통로가 되어 역사를 이루신 것이다.

기적의 역사는 어제나 오늘이나 동일하신 분의 능력 덕분이다. 믿는 자에게 능치 못할 일은 없다. 하나님께서는 교만한 그들에게 부끄러움과 수치를 당하게 하여 새벽에 일어나서 뒤를 추격하는 범에게 쫓기듯 그들을 도망하게 하신다.

> 너를 축복하는 자에게는 내가 복을 내리고 너를 저주하는 자에게는 내가 저주하리니 땅에 모든 족속이 너로 말미암아 복을 얻을 것이라 하신지라(창 12:3).

비록 부족하고 약해서 사람들은 관심이 전혀 없을지라도 하나님께서 함께하시는 인생이라면 아무것도 두려울 것이 없고 염려할 것이 없다. 우리를 도와준 독일 여성은 우리를 위해 하나님이 예비하신 사람이었다. 그때 하나님께서 우리를 위해 쓰임을 받게 하셨다. 의로운 주의 손을 펼치셔서 우리를 도우신 분들에게 복 주시기를 이 시간도 기도한다.

엉겁결에 예수를 믿다

1977년 3월, 나와 아내는 외로운 처지로 독일 땅에서 만나 결혼했다. 독일 체류가 어려웠지만 하나하나 해결하면서 함께 미래를 꿈꾸기로 약속했다.

하지만 시간이 흐르면서 생각 차이와 이기심 때문에 자주 다투곤 했다. 상대의 의견을 들으려 하지 않고 자신의 생각만 주장하곤 했다. 말다툼을 벌일 때마다 서로 '너 때문이야'라며 상대방 탓을 했다. 배려보다는 자신의 요구를 주장하고 서로에게 섬김 받기를 바랄 때가 많았다.

어느 늦가을이었다. 아내가 교회 부흥회에 다녀오겠다며 집을 나섰다. 나 역시 집에서 혼자 조용히 지내는 것도 좋을 것 같아 잘 다녀오라고 말했다. 그날 맥주를 마시며 조용하고 편안한 시간을 가졌다. 사실 집회에 대해 궁금했지만, 물어보지는 않았다.

그런데 아내는 부흥회 이후로 일요일이면 교회에 간다며 옷을 말끔히 차려입고 집을 나섰다. 아내는 그렇게 몇 주를 교회에 다녔다.

어느 날인가는 교회에 다녀온 아내가 나에게 말했다.

"이번 주 토요일에 목사님이 우리 집에 심방을 오시기로 했으니 당신도 집에서 기다려야 해요."

불쾌해진 나는 버럭 화를 냈다.

"내가 미쳤나? 알지도 못하는 목사를 기다리면서 집에 있으라고?
어림없어!
이번 주에 주말 근무 해야 해!"

일단 거짓말을 하고 토요일 아침 일찍 집을 나섰다. 그날따라 날씨가 몹시 추웠다. 인근 바트홈부르크(Badhomburg) 시내를 오후 2시까지 돌아다니며 시간을 보냈다. 막상 집을 나와서는 갈 데가 없었다. 목사가 보기 싫다고 나왔지만 오랜 시간 하는 일없이 방황하는 것도 힘들었다.

'지금쯤 그들이 돌아갔겠지.'

그렇게 생각하고 집으로 방향을 틀었다.

하지만 웬일인가?

집에 도착해 보니 목사님과 동행자 두 사람이 나를 기다리고 있었다. 그들을 보는 순간 불쾌감이 확 밀려왔다.

'아니, 이 사람들이 예의도 없이, 잘 알지도 못하는 남의 집에서 무슨 의도로 지금까지 있단 말인가?'

속에서 부글부글 화가 치밀었다. 그때 목사님께서 나를 향해 조심스럽게 말을 건넸다.

"수고하셨습니다. 이 추운 날 가족을 위해 돈 버시느라고."

그러고는 잠시 후 다시 말을 이었다.

"예수를 아십니까?"

"아니요, 나는 불교 신자요!"

나는 딱 잘라 대답했다.

그러자 목사님은 예수만이 참된 구원이 있다고 말했다. 나는 퉁명스러운 목소리로 응대했다.

"저는 그렇게 생각하지 않습니다."

"그건 모든 종교마다 자기 종교만이 구원이 있다고 하는 말이 아닌가요?"

우리는 더 이상 종교에 관한 이야기는 나누지 않았다. 잠시 후 목사님 일행은 떠났다.

목사님께 심방을 받기 약 한 달 전의 일이다. 함께 독일에 온 한국인 동료가 내 차로 이삿짐을 실어달라고 했다. 그날 이사를 도와주고 점심 초대를 받았다. 점심을 먹으면서 맥주를 권해 몇 잔을 마셨다. 식사 후 노곤해진 몸으로 운전하며 집으로 돌아오는 길에 갑자기 졸음이 쏟아지기 시작했다. 그러다 결국, 졸음 운전으로 사고를 냈다. 경찰 조사 결과, 음주에 가짜 면허증까지 들켜 운전 정지 처분을 받았다. 결국, 대중교통을 이용하는 신세가 되었다.

그래서 목사님이 심방을 오신 날 자동차도 없이 정처 없이 돌아다녔다. 목사님이 다녀가신 후 어느 날 아내는 무슨 일인지 맛있는 점심을 초대하겠으니 같이 가자고 했고, 나는 기분 좋게 따라나섰다. 아내는 지하철을 두 번이나 갈아타야 하는 곳으로 나를 데리고 갔다.

"도대체 어느 식당에 가는 거야?"

"조금만 더 가면 돼요."

아내는 태연하게 말했다. 잠시 후 린덴바움역에 내렸다. 이곳은 식당이 있을 만한 곳도 아니고 평범한 주택가다. 아내의 뒤를 졸졸 따라간 곳은 다름 아닌 교회였다.

'앗, 속았구나!'

그렇게 생각한 순간, 언젠가 우리집에 목사님과 함께 방문했던 분들이 우르르 몰려나와 우리를 반갑게 맞아 주었다. 여러 사람 앞에서 아내에게 화를 낼 수 없어 '오늘만 속아 주자' 생각하고, 그들에게 떠밀려 나도 모르게 예배실로 들어갔다. 함께 예배하는 성도들은 고작 7-8명 정도였다. 예배가 끝나고 집에 오면서 '이번이 처음이자 마지막'이라고 마음먹었다.

한 주가 지나 다시 주일이 돌아왔다. 이번에는 목사님과 동행했던 다른 사람이 빨간 폭스바겐 차로 나를 픽업하기 위해 우리집 앞에서 기다리고 있다. 그때까지도 난 자동차가 없었다. 나를 태우러 먼 거리에서 온 그들을 야박하게 거절하기가 힘들었다. 고민하고 고민하다 '한두 번이면 그만하겠지'라고 생각하고 차에 올랐다.

그런데 그들은 거의 두 달 동안 주일마다 나를 데리러 왔다. 그사이 나는 교회 사람들과 이미 친해지고 있었다. 주일이면 이집 저집 다니면서 같이 식사하다 보니 형제보다 더 가까워졌다. 하지만 예배 시간은 여전히 힘들었다. 도대체 무슨 말을 하는지 잘 이해되지 않았다. 모든 인간은 죄인이라는 것이고 회개해야 산다고 하는 말에 나는 그 내용이 사실로 받아들여지지 않았다. 나에게 생소한 말이었다. 회개해야 살 수 있다는 말이 무슨 뜻인지 도통 알 수가 없었다.

왜 회개해야 하며, 무엇을 어떻게 회개하란 말인가?

설교 내용이 이해되지 않았다. 나는 그때 당시 불법을 밥 먹듯이 행하면서도 죄를 죄로 여기지 않고 사는 인간이었다. 그전만 해도 가짜 운전면허에 음주 운전까지 걸려 처벌 중이었던 나 자신을 스스로 의인으로 생각하고 있었다. 하지만 그런 자범죄보다 더 중요한 것은 태어날 때부터 생긴 원죄였다.

사람은 누구나 스스로 자기 죄를 깨닫는 능력이 없다는 것도 나중에야 깨달았다. 죄를 짓고 있으면서도 내가 왜 죄인인지 알지 못했다. 다른 사람은 정죄해도 항상 자신에게는 항상 후한 점수를 주었다. 사실 나는 남의 물건을 훔친 적도 없고 다른 사람을 죽이지도 않았다. 다른 사람들에게 피해를 주지 않았고 의롭게 잘살고 있다고 생각했다.

남들에게 잘못한 적이 없는데 내가 왜 죄인이란 말인가. 그리고 사람들은 종종 나를 칭찬하곤 했다.

"자네 같이 강직한 사람은 세상에 법이 없어도 잘 살 수 있을 거야."

그런 나에게 주일 설교마다 죄인을 들먹이는 것은 고역스러웠다. 회개해야 산다는 그런 설교는 내 인생과는 상관이 없다고 생각했다. 나의 삶에서 오직 친구이자 위로자는 술뿐이었다. 술이 없으면 살 맛이 없을 정도로 술을 좋아했고, 술로 나를 달래며, 술을 즐기는 것이 낙이었다.

그러기에 주일 설교에서 "술을 금하라, 음란을 피하라"는 말씀은 마음에 늘 거슬렸다. 다른 것은 금할 수 있을지 몰라도 술만은 아니었다. 친구들도 모두 술로 만난 이고 모임도 술좌석이었다. 곡사님은 강경하게 술과 음란에 관해 설교했다. 그런데도 나는 술을 즐기고 있었다. 하지만 이유 없이 점점 내 안에 있는 양심이 마음을 불편하게 했다. 목사님의 설교가 스멀스멀 내 마음을 파고드는 것을 느꼈다.

당시 나는 운전 학원에서 공부한 끝에 정식 자동차 운전 면허를 받았다. 이제부터는 내 차로 어디든지 다닐 수 있어 행복했다. 아내와 함께 물건을 사러 가는 날도 많아졌다.

교회 출석한 지 몇 달이 지났을까?

어느 날, 우리 부부는 먹거리를 사기 위해 한국 식품점에 들렀다. 이것저것 물건을 담고 계산하던 중 마음에 문득 무언가가 떠올랐다. 목사님을 위해 쌀 한 포대를 사야 한다는 생각이 들었다. 그래서 영문도 모른 채 아내에게 이렇게 말했다.

"여보, 목사님 쌀 한 포대 사다 드리면 어떨까?"

"네, 그렇게 하세요."

"그럼 사는 김에 된장하고 고추장도 사면 어때?"

"호호, 그렇게 하세요."

아내는 기분이 좋은지 입가에 미소까지 지었다. 구매한 물건은 다음 주 교회에서 만나 전해드려야겠다고 생각했다. 그런데 이상하게 마음속에서 당장 전해드려야 한다는 생각이 들었다. 얼떨결에 35킬로미터 넘는 거리에 있는 목사님 사택을 찾아갔다. 곧바로 물건을 전해 주고 집으로 돌아왔다. 사실 내 마음과는 다른 행동이었다.

왜 목사님에게 쌀과 된장 등을 전해 주자는 생각이 났을까?

나로서도 이해가 되지 않았고 그저 충동적인 마음이었을 거라고 스스로 생각했다. 하지만 나중에 알게 된 것은 이것은 분명히 성령님의 인도하심이었다. 사실 그때까지도 나는 매번 교회에 갈 때마다 아내와 다투었다.

"나, 오늘까지만 교회 나가 주면 마지막이야!"

나의 불같은 성화에 아내는 늘 알았다는 말만 했다. 그러던 어느 주일이었다. 그날 설교는 다른 때와 다르게 다가왔다.

마태복음 13장 36-43절을 본문으로 한 '천국과 지옥'에 대한 설교였다. 예수를 믿는 자와 믿지 않는 자가 죽은 후에 받아야 할 결과에 관한 내용이었다. 천국과 지옥에 대한 설교를 처음 들으면서 사후 세계에 대한 두려움과 고민이 생겼다. 갈등과 번민 속에서 내 생각이 흔들리기 시작했다.

과연 나의 인생 사후에 어떻게 될까?

내가 죽는다면 지옥에 가는 것일까?

아니면 또 다른 무언가가 나를 기다리고 있을까?

이제 내 삶에 무엇인가 결정해야 할 때라고 생각되었다. 앞으로의 인생 목표를 세워야 할 때였다. 불신자들이 당하는 고통은 영원하며, 죽으면 회복의 기회가 전혀 없으니 얼마나 비참한 인생인가.

반면에 예수 믿는 자들의 삶은 날마다 새로운 변화 속에서 영원히 영광을 누리며 산다는 말이 환상적이었다. 천국은 눈물이나 고통 그리고 해로운 것이 없는 곳이다. 그곳에서 주님과 함께하며 살 수 있다는 말이 마음 깊이 새겨졌다. 아무리 세상에서 예수를 거절하고 온갖 세상의 환락을 추구하며 돈으로 떵떵거리고 산들, 지옥에 간다면 저주였다. 살면서 죽도록 고생하다가 죽어서 지옥에 간다는 것은, 생각만 해도 아찔했다.

천국의 삶을 꿈꾸게 되면서 나는 일단 예수를 믿어보자는 결론에 이르렀다. 목사님이 예수님 그분만이 구원을 이룰 수 있다고 했기 때문이다.

얼마 동안의 시간이 흐른 후 우리는 다시 한국 식품 가게에 들렀다. 그곳에서 이것저것 사들이는 동안 이번에도 지난번과 같은 마음이 일었다. 목사님 가정을 위해 물품을 전해드려야 한다는 생각이 요동쳤다. 물건을 사서 목사님 댁에 들렀다. 목사님은 반갑게 우리를 맞으며 잠시 들어오라고 했다. 간청하기에 거절하지 못하고 거실로 따라 들어갔다.

시간은 오후 1시쯤이었다. 사모님이 급하게 점심을 준비했는데 놀랍게도 우리가 전달한 재료로 만든 음식이 차려져 있었다. 밥에 된장국, 고추장, 양파 몇 쪽이 전부였다. 식사 중에 목사님이 말을 이었다.

> 사실 오늘 아침에 식량이 동이 났습니다. 그런데 하나님께서 정 선생님을 통해 까마귀 역할을 감당해주신 것 같습니다. 정 선생님이 우리 가족을 먹여 살리셨습니다. 지난번 그리고 오늘도 그렇고 하나님은 먹이시고 입히시는 분이십니다. 아, 하나님 감사합니다!

목사님은 하나님께 진심으로 감사를 드렸다. 이 말이 나는 이해가 잘 되지 않았지만 나쁜 뜻은 아니라 생각하고 위로를 받았다.

목사님은 자기 삶을 짤막하게 털어놓았다. 사모님은 파독 간호사로 독일에 오셨고 남편 목사님은 공부를 위해 유학생으로 독일로 오게 되었다고 한다. 그러나 하나님의 목적은 따로 있었다. 독일에 사는 한인들이 목자 없는 양처럼 유리하는 상태를 목사님에게 보여 주셨다는 것이다. 독일이 복음의 황무지라는 것을 깨닫고 야곱이 압복 강가에서 씨름하듯 하나님께 울부짖어 기도했다고 한다. 그렇게 하는 동안 사람을 보내 주셔서 저들을 복음으로 깨우치라는 뜻으로 믿고 그 뜻을 받들어 사역을 시작했다고 한다.

목사님은 사역 시작부터 마음에 결론을 내린 것이 있었다. 바로 사모님이 직장을 다니면서 목회를 돕는 것을 용납하지 않는 것이다. 그래서 사모님에게 간호사 일을 내려놓으라고 했단다. 그때 사모님은 울면서 말했다.

"우리 그러면 여기서 다 굶어 죽어요. 여기는 아무도 우리를 도울 사람이 없어요."

그러나 목사님은 단호하게 사명자는 하나님께서 입히시고 먹이시니 아무 염려 말라고 하며 직업을 내려놓으라고 했다. 목사님의 강권으로 사모님은 간호사 일을 그만두었고, 그때부터는 오직 하나님만 바라보는 삶이 되었다고 한다.

나는 목사님의 간증을 듣는 순간에는 그것은 잘못된 처신이라고 생각했다. 교인이 10명도 안 되는데 사모님이라도 안정된 직장을 가져야 하지 않나 생각했다. 직장을 포기하는 것은 부양할 가족까지 굶어 죽게 하는 것으로 생각했다. 목회를 저렇게까지 해야 하는지 의문까지 들었다.

하지만 목사님은 살아계신 하나님을 확신하며 흔들리지 않았다. 하나님은 믿음으로 사는 자들을 외면하거나 버리지 않으신다고 신앙고백을 했다. 목사님을 이역만리 독일 땅까지 부르신 목적은, 하나님을 모르고 사는 한국 사람들을 목숨을 다해 구원하는 것이라고 말했다.

주일 설교의 주제는 대부분 회개에 관한 내용이었다. 모든 인간은 죽을 수밖에 없는 죄인이지만, 회개해 주님께로 돌아온 모든 자를 구원해 주시고 새로운 삶을 살도록 도우신다는 것, 모든 인간에게 진정한 회개만이 살 수 있다는 내용이었다.

회심의 역사

보이지 않아도 가까이 계신 당신
보이지 않아도 증명할 수 있는 당신
보이지 않아도 거절할 수 없는 당신
보이지 않아도 느낄 수 있는 당신

보이지 않아도 부를 수 있는 당신
보이지 않아도 당신을 사랑합니다.
보이지 않아도 그 행하심은 위대합니다.
보이지 않아도 당신만 따르렵니다.
보이지 않아도 당신은 나의 생명입니다.
보이지 않아도 당신은 나의 영원한 구원입니다.

이 날 주일 설교 본문은 창세기 12장 1-4절이었다.

너는 너의 고향과 친척과 아버지 집을 떠나 내가 네게 보여줄 땅으로 가라 (창 12:1).

'본토, 친척, 아비 집을 떠나라'는 것은, 예수님을 믿기 전의 생활을 청산하라는 말씀이다. 세상 풍습을 우상처럼 섬기던 이전의 습관과 자기 중심성에서 떠나라는 것이다. 나에겐 술과 음행에서 떠나라는 의미로 들렸다. 내가 의지하고 믿었던 모든 인간적인 것으로부터 떠나라는 말이었다.

그리고 '내가 네게 지시할 땅으로 가라'는 것은 구별된 새 길을 선택하며 하나님의 지시를 따르라는 것이다. 하나님께서는 그렇게 말씀을 실천하고 사는 자들의 길을 이끄시고 축복하신다는 내용의 설교였다.

아브라함은 여호와의 말씀을 좇아갔다고 했다. 그것은 하나님의 인도를 택하는 삶을 살아갈 때, 하나님께서 삶의 방향을 잡아주신다는 것이다.

나는 이 말씀을 깊이 깨닫고 나의 세속적인 삶을 버리기로 했다. 그리고 말씀에 따라 구별되게 살기로 결단했다. 그렇기 순종했을 때 아브라함과 같은 복을 받을 수 있다는 것이다. 솔직히 하나님께서 나와 내 자녀들에게도 복을 받게 하는 것이 나의 단순한 소망이었다.

나는 생명처럼 좋아했던 술을 마시지 않기로 결단했다. 하지만 술을 끊기 위해서는 세상 술친구들을 멀리하는 것이 먼저였다. 그들과 같이해서는 술을 거절할 힘이 내게는 없었다. 주일이면 술병을 들고 찾아오는 사람들이 많았다.

그다음 주일, 술을 마시자며 나를 찾아온 친구에게서 술병을 받아서 곧바로 장롱 안에 두고는 그를 끌고 교회로 갔다.

그렇게 한 번씩 내게 당한 사람은 두 번 다시 날 찾아오지 않았다. 내가 누구와도 술을 마시지 않겠다고 뜻을 세우고 난 후 선배 한 분이 찾아왔다. 오랫동안 술로 친하게 지내오던, 먼 곳에 사는 지인이었다. 예전 같으면 예의로라도 선배에게 술을 대접해야 하는 것이 도리였지만 술을 내오지 않았다. 그는 나를 떠나면서 이렇게 말했다.

"승식이 자네가 그렇게 변할 수가 있나!"

그는 섭섭해했지만 나는 그렇게 매몰차게 할 수밖에 없었다.

몇 년이 지나 그 선배도 주님을 영접하고 세상을 떠났다.

친구들은 나를 찾아와 여러 방법으로 유혹했지만 나는 그때마다 단호하게 말했다.

"이제 나는 예전의 정승식이 아니고 예수님으로 더불어 새 사람이 되었습니다. 다른 불법적인 것은 하지 않습니다."

그들은 나를 비웃었다.

"네가 언제까지 그렇게 가나 두고 보자!"

나는 그 말에 부담을 느끼면서도, 끝까지 나의 길을 가고 그들에게 비웃음거리가 되지 않겠다고 다짐했다.

또한, 이전까지 내게는 불법적인 방법으로 해결해야만 하는 사건들이 많았다. 하지만 신앙인으로서 이제는 그렇게 할 수가 없었다. 기도하면 된다는 생각에 열심히 기도도 했지만, 생각처럼 쉽지 않았다. 무릎을 꿇고 한 시간 정도 기도했나 싶어 눈을 뜨면 겨우 10분도 지나지 않았다. 게다가 기도할수록 어려운 일들이 더 많이 일어나는 것 같았다. 해결보다는 문제들이 더 크게 터지는 것이다. 도와달라고 기도했는데 숨겨져 있던 사건까지 들통나서 경찰에 불려 가 조사를 받기도 했다.

모든 문제를 잘 덮어서 도와 달라고 기도했는데 왜 들통나게 하실까?

차츰 기도에 대한 나의 확신이 흔들리기 시작했다.

이것이 기도 응답인가?

내 안에서는 불평이 일어났다. 내 마음대로 되지 않아 마음의 의심은 더 많아졌다.

하지만 그때마다 하나님께서 성경공부 말씀을 통해 다시 깨닫게 하시는 부분이 있었다. 하나님의 백성들의 고난은 그저 없애주시지 않고, 고난을 이겨나가는 힘을 주신다는 사실이었다.

누가복음 18장에서, 한 과부가 불의한 재판관에게 자기의 억울함을 도와달라고 했을 때 그 재판관의 반응은 냉담했다. 하지만 과부는 포기하지 않고 끝까지 재판관에게 찾아가 도움을 요청했다. 재판관이 견디다 못해 귀찮아서라도 과부를 도왔던 것처럼 우리도 그렇게 끈질긴 기도를 하라고 말씀하셨다. 하나님께서 우리의 기도를 저울에 달아 보신다는 것을 깨닫게 되었다.

당시 화요, 금요 성경공부를 밤 9시까지 한 후, 프랑크푸르트에서 약 30킬로 떨어진 외곽 도시에 있는 다른 독일 교회로 가서 새벽 1시에서 2시까지 기도를 했다.

나는 화요일 기도회에서 결단하고, 하나님과 담판을 내야겠다는 마음으로 힘을 다해 기도했다. 능력을 받아야 한다는 마음으로 전심으로 기도하고 집에 돌아왔다. 막 침대에 누워 비몽사몽의 순간이었는데, 갑자기 나보다 훨씬 큰 짐승 같은 물체인데 발가락이 길고 털이 듬성듬성 있는 사나운 늑대 같은 동물이 보였다. 그 짐승이 창문으로 쑥 들어오면서 나를 향해 달려들었다.

"너, 이놈을 죽여 버린다."

늑대 같은 짐승이 그렇게 말하며 앞발로 나의 목을 움켜잡는 것이다. 그 순간 나는 목이 조여서 죽을 것만 같았다. 문득, 이럴 때는 나사렛 예수를 부르면 이길 수 있다는 말씀이 생각났다. 소리를 내기도 힘들 지경이었지만, 있는 힘을 다해 나사렛 예수의 이름을 불렀다.

간신히 말이 나올 때 내 목을 잡던 짐승의 손에서 힘이 빠지는 것을 느꼈고, 잡았던 손이 맥없이 풀렸다. 그때 다시 힘을 내어 외쳤다.

"나사렛 예수 이름으로 명하니, 내게서 완전히 떠나가라!"

그러자 짐승은 잡고 있던 나의 목을 힘없이 놓고 창문 밖으로 사라졌다. 신기하게도 그 후로부터 기도를 잘할 수 있었고 예수님의 은혜가 내게 임했다. 예수님이 좋아지고 그분을 생각만 해도 눈물이 나는 이상한 체험을 했다. 예배 설교 말씀이 나를 도전했고, 실제적인 삶의 변화가 일어나기 시작했다.

그때부터 사람들을 만나면 전도하는 것이 습관처럼 되었다. 아무리 생각해도 도저히 이해되지 않았다. 나 같은 술보가 성경을 가지고 예수님을 말할 수 있는 사람이 되었다는 사실이 믿어지지 않았다. 처음엔 성경책을 들고 다니는 것 자체가 부끄러워 신문으로 성경을 싸서 가지고 다니곤 했다. 하지만 이때부터는 사람들 앞에서 예수 이야기를 당당히 말하고 큰 소리로 기도하는 사람이 되었다.

아들의 출산과 응답

<경험의 순간>

오-
언약의 하나님 나의 하나님!
어찌하여 나의 환란을 외면하십니까?
세상 사람들은 나의 믿음을 조롱하고 무시합니다.
네가 믿는 하나님은 어디 있느냐?
그 하나님은 너를 버렸다고 빈정대고 있습니다.
사람들이 뭐라고 하든 오직 나는
주님만 바라겠나이다.

아-
고난 속에 숨겨진 비밀, 은혜와 사랑이
나를 감싸고 있지요.
평안한 삶에서 얻을 수 없는, 가슴 벅차게
솟아오르는 감사와 기쁨, 말로 표현할 수 없는
그 영광!

고난 중에 무릎으로 얻어지는 성령의 임재는
나의 영혼에 날개가 되어 광활한 하늘을 날아오르는
신앙의 빛이 되게 하셨습니다.

내 앞길을 막고 있는 장애물은
믿음의 강한 용사가 되게 하였고
세상에서 복음을 전하는
증인의 삶으로서
저 천국에 오르는 사닥다리가 되었습니다.

1979년 3월, 첫아들이 태어났다. 창세기 41장 51절은 이렇게 말씀한다.

> 요셉이 그의 장남의 이름을 므낫세라 하였으니 하나님이 내게 내 모든 고난과 내 아버지의 온 집 일을 잊어버리게 하셨다 함이요(창 41:51).

나도 아들의 출생으로 하나님이 그동안의 고난을 씻어 주실 것을 믿음으로 선포했다. 나는 아들의 이름을 '일'이라고 지어 주었다. 내 인생은 밑바닥이었지만, 내 아들만은 일등 인생이 되라는 뜻에서다. 항상 앞서가는 비전과 삶 가운데 우뚝 서라는 의미로 아들을 위해 진심으로 기도했다.

하지만 아들이 백일이 지나면서 걱정이 생겼다. 사랑하는 아들이 독일에서 자라면서 우리와 같이 외국인이라는 차별을 받고 살게 될 것을 생각하니 죄책감과 책임에 대한 무거운 부담이 일었다. 외국인이라는 말을 듣게 하는 것이 고민이었다. 독일인들은 스스로 인종 차별이 없다고 이야기하지만, 내면에는 뿌리 깊은 외국인 차별 의식이 있다.

날마다 텔레비전을 통해 듣는 것은 아우스랜더(외국 사람)라는 말이었다. 이 말이 내 귀에 거슬렸다. 당시 외국인이 어떤 특정한 일을 하려면 많은 제한을 받았다. 사업이나 장사를 할 때도 절차가 까다로웠다. 국회에서 외국인 정책에 대한 각 정당의 변론도 대부분 외국인에게 불리한 내용이 많았다. 나는 이 문제를 놓고 하나님께 간절히 기도했다.

> 하나님, 우리 아이들이 이 땅에 살든, 어디에 살든, 하나님께서 은혜를 베푸셔서, 어느 곳에서 무엇을 하든지 주님께서 주시는 믿음으로, 자기 날개를 활짝 펴고, 두려움 없이 날 수 있게 해 주세요.

하루는 기도하려고 무릎을 꿇는데 가슴으로 음성이 들려왔다.
"네 아들은 내가 책임진다."

나는 그 음성을 하나님의 응답으로 확신했다. 신기하게도 그 후로는 아들 장래에 대한 걱정이 사라지고 마음에 평안함이 왔다. 아들은 학교 공부를 잘 따라가지 못했다. 그런데도 형편이 어려워 과외 공부를 도와주지 못했다. 하지만 아이의 장래에 관해 아무런 걱정이 없었다. 사춘기 때 다소 어려움이 있었지만, 모든 것을 하나님께서 책임지신다는 약속이 있어서 그런지 염려가 되지 않았다.

아들의 돌잔치에 목사님께서 오셔서 예배를 드린 후, 함께 간소하게 식사했다. 감사하게도 축구 선수 차범근 씨 부부와 딸이 축하 목적으로 방문했다. 차범근 씨는 1980년대에 한국인 선수로는 최초로 독일의 프로축구 리그인 푸스발-분데스리가에서 활약했다. 아시아인으로서는 역대 최다 득점인 리그 통산 98골을 기록했고, 독일에서 '차붐'이라는 애칭으로 불렸다. 유명 축구인인 차범근 씨가 함께해서 분위기는 더 좋았다. 그는 우리와 같은 교회에 출석했다. 차 선수는 독실한 신앙인으로 독일 교회에 초청 받아 간증 예배를 드리기도 했다. 그의 방문은 독일 사람들에게 좋은 도전을 주기도 했다.

얼마 후 아내와 함께 파독 광부 동료의 딸아이 돌잔치에 초대받았다. 우리가 꼭 가서 축하해야 할 상황이라, 선물도 준비해 그 가정에 들렀다. 역시 술 문화가 부담이었다. 술을 좋아하는 나는 거절할 자신이 없었다. 사람들 앞에서 그럴 용기가 나지 않았다. 술 때문에 고민하고 있을 때 잔칫상이 다 차려지고 사람들의 술잔이 오갔다.

그때 무슨 용기가 났는지 내가 이렇게 외쳤다.

"자, 우리 기도합시다!"

그리고 소리 내어 하나님께 기도를 올렸다. 기도가 끝나자 사람들은 "에이, 술맛 떨어진다"라며 웅성거렸다. 다들 불쾌한 표정으로 나를 경멸스럽게 쳐다보았다. 분위기는 더욱 얼어붙었다.

우리 부부는 더 앉아있을 수가 없어 조용히 자리를 떠났다. 그렇게 용기 있게 할 수 있었던 것은 성령의 능력이었다. 나 스스로의 힘과 의지로는 그렇게 기도할 수도, 할 리도 없었다. 참 아이러니한 일이었다. 하지만 그렇게 무안을 당했는데도 마음은 더없이 기쁘고, 감사했다.

그후로 사람들은 나를 초대하지 않았다. 그리고 주변 사람들은 "승식이가 미쳤다"라고 혀를 차거나, 바보 같은 자라고 비난했다. 그런 말을 들을수록 나의 마음은 예수가 더 좋고 감사했다. 누구도 이해할 수 없는 영적인 기쁨을 알았기 때문이다.

한국에서 술친구들을 만나다

믿음으로 사는 사람은
고통과 고독의 길을 가는 것이며
험난한 여정을 걷는 것입니다.

불의한 세상에서 인내로 의를 위해 싸울 때
고난과 눈물은 보배로 맺어질
고귀한 진주가 됩니다.
믿음을 위협하며 따라다니는 세상의 문화가
우리의 믿음을 흔들어도
인내하며 싸우는 믿음은
내일에 피어날 꽃봉오리와 같습니다.

믿음은 모든 것을 감사로 받아 주는 것
끝까지 참아 주는 것
의를 위해 뿌리는 눈물이 고여서 빚어진 열매는
가장 값진 비단옷이 될 것입니다.
저 천국에서.

1982년 가을 집회 때 주님의 은혜를 갈급해 하면서 기도를 시작했다. 하지만 그때 내가 그토록 아끼며 좋아하는 LP 레코드판이 내 머리에서 빙글빙글 돌면서 술집에서 술을 한잔하면서 부르던 추억의 노랫소리가 기억이 나서, 기도할 수가 없었다.

하나님께서 이런 것들을 다 버리라는 것으로 알고, 신앙에 유익하지 못한 레코드판을 모두 정리하겠다고 하나님께 약속했다. 그러나 이것을 버리기는 너무 아까우니 친구나 다른 아는 사람에게 주면 어떨지를 주님께 여쭈었다. 그러나 주님께서는 모두 쓰레기통에 버리라는 마음을 주셨다.

그렇게 하기로 주님과 약속하고 집회를 마치고 집으로 왔다. 레코드판을 정리해 보니 가진 것이 많았고 액수도 상당했다. 바로 버리지 않으면 마음이 변해서 주님께 죄를 짓게 될까 봐, 상당한 양을 대형 쓰레기통에 던져 버렸다. 그 무게에 이끌려 나 또한 밑바닥으로 빨려 들어가는 기분이었다.

신기하게도 그렇게 정리하고 나서는 트로트 노래가 내 입에서 사라졌다. 그러고는 찬양만이 내 인생의 노래가 되었으니 얼마나 감사한지 모를 일이다. 간혹 세상 노래를 부르려고 해도 아예 기억이 잘 나질 않는다. 그토록 아끼고 좋아했던 세상 노래가 이제는 서글픈 노래가 되었다. 이런 경험을 통해 결단하는 삶은 그 순간은 힘들지만, 지나고 보면 축복임을 깨닫는다.

문득 한국에서 있었던 일이 주마등처럼 스쳐 지나간다. 1980년 9월, 한국을 방문했다. 큰아들이 18개월이 되던 때. 당시 한국 가는 비행기는 대한항공이 유일하게 스위스 취리히에서만 출발했다. 일주일에 세 번 운행했던 것으로 기억된다. 한국까지 가는 시간은 약 26시간 정도 소요되었다. 우리 세 사람이 6년 만에 고국에 가는 것이라 기대가 컸다. 아들은 비행기 타는 것을 좋아했다. 비행 시간이 장시간이다 보니 여러 번 내렸다가 다시 탈 때면 아들과 전쟁을 치르기는 했지만, 오랜만에 고향에 도착하니 감개무량했다.

하지만 힘든 소식도 들었다. 그해에 비가 오랫동안 내려 냉해로 농사의 40퍼센트밖에 수확을 못 했다는 것이다. 특히, 문경 지역의 농사는 완전히 실패였다. 부모님 논의 벼는 아예 거두지도 못했다. 가는 곳마다 쌀을 사 주는 것이 우리의 선물이었다. 처가 부모님은 먹을 식량은 괜찮다고 해서 송아지를 사 드렸다.

사실 고향 방문 때 부모님에게 다소 섭섭하기도 했다. 아들이 외국에서 결혼해 손자까지 데리고 왔는데 집에 잠잘 방을 미리 준비해 놓지 않은 것이다. 부모님과 동생이 우리가 쉬고 잘 수 있는 방이라도 치워 놓으셨을 거라 기대했는데 그렇지 않았다. 우리가 자야 할 방에는 곡식이 빼곡히 채워져 있었다.

도착하자마자 그걸 허겁지겁 치우느라 분주했다. 방은 오랫동안 사용하지 않아 습기가 많고 곰팡이 냄새가 가득했다. 솔직히 화가 나긴 했지만 그런데도 원망과 불평은 하지 않았다. 이때도 가족 평화를 위해 참는 것이 제일이었다. 아무 일 없다는 듯 며칠을 지냈다. 하지만 아내에게는 미안하고 마음이 아팠다.

아내는 마음속으로 얼마나 속상했을까?

며칠 후 우리는 서울로 올라왔다. 6년 만에 만난 친구들은 내가 독일에서 예수를 믿게 된 것을 모르고 있었다. 친구들은 나에게 "저녁에 축하 회식 자리가 준비되었으니, 식당에 나오라"고 했다. 나는 걱정이 태산처럼 밀려왔다.

"오, 주님! 어떻게 오늘 저녁, 이 술자리에서 승리할 수 있을까요?"

나는 잠시 기도를 드린 후 회식 자리에 나갔다. 친구들은 천하의 술고래 왕이 오랜만에 독일에서 나왔다며 반가워했다. 이날만은 원 없이 마시자고 하는 게 그들의 바람이었다.

하지만 나에겐 신앙의 결단에서 실패하느냐 승리하느냐의 문제가 걸려 있었다. 만약 내가 여기서 술을 입에 댄다면 스스로 평생에 후회할 오점을 남기게 될 것 같았다. 이 자리에서 중요한 결심이 필요했다. 술상이 다 차려진 지금 용기를 내야 했다. 나는 엉겁결에 말했다.

"자네들! 나는 이제 예수를 믿는 사람이 되었어!

내가 잠깐 기도하겠네."

나는 술상 앞에서 일어서서 기도했다. 친구들은 예기치 못한 상황에 어이없어했다. 갑자기 분위기가 싸늘해진 것은 당연했다. 내심 그들에게 미안한 마음이 들었다. 하지만 용기를 내어 다시 말했다.

"자네들도 예수를 믿길 바라네."

그때부터 친구들은 나를 좋아하지 않았으며, 어떤 이는 술을 권하면서 설득했다.

"그래도 한 잔하면 안 되나?"

그럴 때마다 나는 이렇게 말했다.

"미안해, 안 마실래."

거절할 때마다 내 마음은 그들에게 죄지은 사람처럼 느껴졌지만, 이상하게 내 안에서는 찬송이 흘러나왔다. 그후로는 더 이상 친구 모임을 하지 못했다. 그런데도 난 모든 상황을 이기게 하시고 담대하게 대처할 수 있도록 도와주신 하나님께 감사했다.

그렇다고 해서 하나님이 내가 술이 싫어 구역질 나게 하신 것은 아니다. 나는 그때나 지금이나 술맛이 있고 술이 당긴다. 하지만 주님을 위해서 스스로 결단해 금주한 것이다.

지금도 때로는 술을 마시고 싶을 때가 있지만 그리스도의 덕을 세우기 위해서 마시지 않는 것이다. 어떤 사람들은 술 마시는 것이 그렇게 큰 죄인가라고 반문한다. 그러나 나의 경우는 좀 다르다. 나는 워낙 술로 살아온 인생이었다. 한 잔의 술로 절제하지 못하는 나의 나쁜 습관을 끊으려면 애초에 시작부터 확실한 결단이 필요했다.

신앙인들에게 술에 관해 많은 질문을 받는다. 술에 대한 내 양심은 특별하다. 어쩔 수 없이 한 잔 술을 마셨어도 내 안에 성령님이 슬퍼하심을 느낀다. 남이 그것을 죄다, 의다, 아니라고 말이 많아도 나는 나의 신앙을 위해서 떳떳하고 담대하게 선택한다. 물론 다른 이가 마시는 음주를 함부로 판단하지 않는다. 왜냐하면, 각자 신앙의 잣대가 다르기 때문이다. 이 법은 내 안에서 나의 양심과 하나님께 단언한 부분이다.

하지만 한 가지, 그리스도인이라 하는 이들이 술을 입에 대는 순간부터 신앙인으로서 위상이 떨어지는 것을 보게 된다. 한 잔이 결국 여러 잔이 되고, 실수와 추태를 행하게 되었을 때 신앙 양심에 어긋나는 경우를 보게 된다. 진실하게 하나님을 바라본다면 정신을 흐미하게 하는 술에 대해 올바른 신앙적 판단이 필요하다고 생각된다. 술은 조금만 마셔도 정신을 흐리게 하는 무서운 힘이 있다.

술을 마시는 사람들과 대화해 보면 신앙의 질을 분별할 수 있다. 하나님은 그분의 이름을 위해 술을 거절할 수 있는 나의 태도를 기뻐하신다. 그리고 그럴 때 주님의 임재를 느낀다. 건강한 신앙은 자기를 모든 약한 것에서 지켜내야 한다.

너희는 너희가 하나님의 성전인 것과 하나님의 성령이 너희 안에 계시는 것을 알지 못하느냐(고전 3:16).

의를 위하여 박해를 받은 자는 복이 있나니 천국이 그들의 것임이라. 나로 말미암아 너희를 욕하고 박해하고 거짓으로 너희를 거슬러 모든 악한 일을 할 때는 너희에게 복이 있나니 기뻐하고 즐거워하라. 하늘에서 너희의 상이 큼이라. 너희 전에 있던 선지자들도 이같이 박해하였느니라(마 5:10-12).

제4장

가정 안에서 축복을 누리는 삶

———

언젠가 아내와 다투며 서로 언쟁을 높이고 있었다.
그때 두 아이가 다가왔다.
"아빠, 우리를 미워하세요?"
"아니야, 너희들을 얼마나 사랑하는데 … 왜?
"엄마, 아빠가 싸우는 것은 우리를 사랑하지 않는 거예요."

아빠, 제발 친구들 앞에서 기도하지 마세요

상처로 얼룩진 마음을
위로하신 분은 당신이었습니다.
이 땅에서 나의 희망도
행복도 당신이었습니다.

예수 십자가를 지심으로
멸망과 사망에서 나를 구원하셨습니다.
그래서 이 땅에 빛과 생명이 되셨습니다.

어두워진 마음을 밝혀 주는 당신!
십자가의 희생은 영원한 생명의 증거가 되셨습니다.

하나님께서 두 번째 아들을 선물로 주셨다. 아내는 배 속 아이가 아들이란 소식을 듣고 기뻐하며 하나님께 감사했다. 창세기에서 요셉은 둘째 아들의 이름을 에브라임이라 지었고, "하나님이 내가 수고한 땅에서 번성하게 하셨다"고 했다. 하나님은 요셉을 이국땅에서 번성케 하신 것처럼 우리 가정 또한 번성하게 하셨다.

나는 하나님께서 우리 자손을 창대하게 하시고 번영하게 하실 것을 믿는다. 나의 책임은 생육하고 번성해 땅을 정복하라는 주님의 말씀을 믿고, 자녀들이 이 땅에서 하나님을 의지해 땅을 다스릴 뿐만 아니라 하나님께서 주신 과업을 널리 펼칠 수 있도록 기도로 지지하는 것이다.

사도 바울은 뜻이 분명하고 정의를 위해 앞장선 인물이다. 그는 예수 그리스도를 사랑하고 열정으로 복음을 전파했다. 나는 사도 바울의 용기와 그의 정의를 존경하는 뜻에서 둘째 아들을 '바울'이라 이름 지었다. 아들이 이 땅에서 예수 그리스도로 말미암아 증인의 삶을 살길 바라는 마음에서다.

바울이 태어나 6개월이 지났을 때다. 화요 성경공부를 위해 집을 나서려던 참이었다. 아내는 밤 근무를 위해 출근했고, 나는 두 아이를 침대에 누이고 교회 가기 위해 일어섰다. 집 문을 잠그고 떠나려는데 왠지 불안한 생각이 마음을 스쳤다.

'내가 이렇게 하면 안 되는 거 아닌가!'
'어린아이들만 집에 두고 떠나서 어떤 사고가 발생한다면 어떻게 할 것인가!
아무것도 할 수 없는 어린아이들을 남겨 두고 성경공부에 참여하는 것은 절대 안 되는 거야!'
'혹시나 집에 불이라도 난다면 누가 아이들을 구해 준단 말이야! 그리고 아이들을 혼자 놔두는 건 독일 법으로도 금지된 거야!'

여러 생각이 머릿속을 어지럽혔다. 현관문을 여닫고를 여러 번 반복했다. 그 순간 내 마음에 들려오는 하나의 음성이 있었다.

'네 아들은 내가 책임진다.'

나는 이 음성을 주님의 응답으로 듣고 감사를 드리며 잠시 서서 이렇게 기도했다.

> 주님께서 우리 아들들을 지금까지 인도해 주시고 지켜 주셨습니다. 이 아이들의 모든 장래와 현재를 주님의 손에 의탁합니다. 주님만이 가장 안전하고 가장 복된 것으로 채우시고 인도하실 것입니다. 아멘.

기도를 마친 후에야 안심하고 교회로 향할 수 있었다. 성경공부와 기도가 끝나고 집에 도착한 시간은 새벽 1시 반이 넘었을 것으로 추정된다. 우리 가족이 사는 아파트 입구에 도착할 무렵이었다. 그런데 집 입구에 소방차 두 대가 비상등을 번쩍이며 서 있었다. 급하게 달려가 무슨 사고가 있었느냐고 물어보았다.

그때 소방대원이 다음과 같이 말했다.

"2층에서 불이 났었는데 큰 피해 없이 불을 껐습니다."

나는 다급하게 4층에 있는 우리집 문을 열고, 아이들 방을 둘러보았다. 아이들은 그런 사고가 있었는지도 모르고 편안하게 잠을 자고 있었다. 하나님이 위험 속에서도 천군 천사의 울타리를 통해 편안히 보호했다는 것을 느낄 수 있었다. 그때부터 나는 아이들의 모든 문제를 주님 앞에 올려드리고 맡겨드리는 삶을 살 수 있었다.

아이들은 무럭무럭 잘 자랐다.

그런데 아이들이 커가면서 자기들의 생일이 되면 늘 고민하는 부분이 있었다. 두 아들은 내가 그들 앞에서 생일을 위해 축복 기도를 하는 것을 부끄럽게 여겼다. 초대한 친구 중에는 예수님을 믿지 않는 아이들이 있었다. 아들은 생일 하루 전에 우리 앞에서 흥정한다. 생일 파티 때 기도하지 않기로 나에게 다짐을 시킨다.

"엄마, 아빠! 제발 제 생일날 친구들 앞에서 기도하지 마세요. 우리 친구 중에는 무슬림 친구도 있어서 예수님 이름을 부르는 기도를 싫어해요."

일단 알겠다고 말하고 이번에는 기도하지 않기로 약속했다.

하지만 어김없이 다음날 생일상을 차려놓고는 나도 모르게 이렇게 말하게 된다.

"자, 우리 하나님께 기도하자, 다 눈 감으세요!"

그래서 아이 친구들은 으레 우리 집에서는 기도하는 것으로 생각한다. 하지만 시간이 흐르면서 아이들은 스스로 기도하며 생일상 앞에 앉게 되었다.

바울이 열여섯 살로, 한창 사춘기를 겪을 때였다. 그날 저녁, 바울이 급하게 저녁밥을 먹고는 양복을 멋지게 차려입는 것이었다. 클럽에 가기 위한 몸단장이라는 것쯤은 알고 있었다. 나는 그저 가만히 바라보고만 있었다. 그때 초인종이 울렸다. 아들 친구들이 양복 차림으로 서 있었고, 바울이 나오기를 기다리고 있었다. 나는 현관문을 나서는 아들에게 말했다.

"바울! 잠깐만! 아빠가 기도해 줄게."

그러자 아들은 어쩔 수 없이 문 앞에 멈춰 섰다. 나는 그의 머리에 손을 대고 이렇게 안수 기도를 했다.

> 주님, 당신의 아들 바울이 오늘 저녁에 어디로 가는지 무엇을 하는지 나는 모릅니다. 내가 따라다닐 수도 없습니다. 주님께서는 바울의 모든 행동을 다 보고 계십니다. 바울과 함께하심을 믿습니다. 이제 주님께서 바울의 출입 중에 불의와 죄악에서 지켜 주심을 감사합니다. 아멘!

아들은 내 기도가 끝나기가 무섭게 문을 박차고 나갔다. 그리고 난 그 일을 잊어버렸다. 두 달이 지난 어느 날, 바울이 자기 형과 대화하며 그날 밤 디스코텍에서 있었던 사건을 다음과 같이 이야기하는 것을 들었다.

> 형, 우리는 미성년자라서 나이를 속여 그동안 여러 번 디스코텍에서 재미있는 시간을 보냈잖아. 그날도 기대하고 여섯 명의 친구와 입장하려고 하는데, 정문에 곰 같이 무섭게 생긴 사람이 서 있는 거야. 우리를 쳐다보며 미성년자와 불량자들을 확인하고 나만 먼저 들어가게 허락했어. 나머지 다섯 친구는 미성년자로 인정되어 못 들어가게 되었어.
> 나는 그 사실을 모르고 디스코텍 안에서 눈이 빠지도록 기다렸지. 그런데 한 시간이 지나도록 친구들이 오지 않은 거야. 무슨 일로 못 들어오는지 알아보려고 밖에 나왔는데 친구들은 이미 사라진 후였어. 이유를 알 수 없어서 나 혼자 쓸쓸하게 집으로 돌아왔었지. 그날 완전 재수 없었던 날이었어!

바울의 이야기를 듣자 나는 기도했던 상황이 떠올랐다. 아들의 머리에 안수했던 그날 하나님이 나의 기도를 들으시고 청소년이 하지 않아야 할 일들을 미리 피하게 하신 것이다. 나는 이것이 기도의 응답임을 알았지만 바울은 그것을 알 턱이 없었다. 하나님은 기도의 언어 하나라도 빠뜨리지 않는다는 것을 깨달았다.

사실 아들에게 늘 미안한 것은, 아버지로서 자녀를 양육하는 법을 몰라 그저 엄하게만 해야 한다고 생각했던 일이다. 모든 것을 엄하게 훈계해야 좋은 교육이라 생각해 회초리도 들기도 했다. 하지만 엄하게 훈육하다 보니 언젠가부터 아이들이 나를 피하게 되고 점점 대화가 사라지는 것을 깨닫게 되었다. 아이들이 밖에서 일어난 일을 맘 편하게 털어놓지 못한다는 것은 아버지로서 서글픈 일이었다. 아이들과 친해 보려고 가능하면 말을 걸고 학교 이야기를 물으면 답변은 딱 한 마디였다.

"네!"

이렇게 간단하게 대답하는 아들에게 어떤 문제가 있는지 나는 알 수가 없었다. 아이들은 아이들대로 삶에 대한 스트레스를 앓고 있을 것이다.

이때부터 난 고민하게 되었고 내가 아이들을 잘못 훈육하고 있다는 것을 알게 되었다. 아들과 아버지와의 사이에서 소통이 없다는 것은 하나님과의 관계와 연관 지어 생각해 볼 수 있었다. 나는 하나님께 내 아이들에게 잘못 하는 것이 무엇인지 알려달라고 간절히 기도했다.

에베소서 6장 4절에 부모들에게 당부하는 글이 나온다.

··· 자녀를 노엽게 하지 말고 ··· (엡 6:4).

아버지의 권위로 잔소리를 늘어놓아 공연한 반항심을 일으키거나 분노를 품게 하지 말고 주님의 사랑이 담긴 훈계와 조언과 충고로 키우라는 말씀을 주목했다. 말씀을 깊이 묵상한 후, 아들들을 대하는 태도를 바꾸었다. 특히 아이들에게 마음이 상하는 일이 있어도 참고 기다려 주는 모습으로 대했다. 그 후부터 아이들은 조금씩 변하기 시작했다.

어느 날 새벽 3시, 잠결에 전화벨이 울렸다.

'이 새벽에 무슨 전화지?'

피곤한 몸으로 일어나 전화를 받았다. 큰아들의 전화였다. 집에서 멀리 떨어진 외곽 지역에서 밤새도록 춤추고 놀다 디스코텍 마감 시간이 되어 밖으로 쫓겨났다는 것이다.

"아빠! 저 좀 데리러 와 주세요. 다른 친구도요."

예전 같으면 버럭 화를 내며 '알아서 와!'라고 했을 것이다. 하지만 나는 아무 꾸지람 없이 아들을 데려왔다. 그것은 나에겐 큰 변화였다. 그 이후 아이들과 더 친근해지고 어려운 문제가 있을 때마다 부탁을 받는다.

"아빠, 절 위해 기도해 주세요!"

그럴 때 가장 큰 행복감을 느낀다. 아이들은 '아빠가 달라졌어!' 하며 수군거렸다. 나는 두 아들의 아버지로 만족하고 감사한 마음이다. 아들 둘은 어머니가 집을 비울 때면 나에게 넌지시 묻곤 했다.

"아빠, 오늘 드시고 싶은 것 말씀해 주세요!"

"아빠는 너희들이 만든 음식은 다 좋아!
너희들이 알아서 해 주렴."

때로는 라자니아, 스파게티 등 다양한 메뉴로 밥상을 차려 준다. 그때마다 아이들에게 고마운 마음이다. 이 또한 주님께 영광을 돌리게 된다. 아이들을 양육하는 모든 과정 또한 하나님의 은혜와 섭리를 인정하는 시간이다.

천국 같은 가정!

언젠가 아이들이 엄마 아빠에게 물었다.
"엄마, 아빠!
천국은 어떻게 생겼어요?"
"천국은 말이지, 우리집 같은 곳이 천국이지!"
　천국의 삶을 자녀에게 보여 주는 가정은 최고의 양육과 교육의 현장이다. 자녀 교육에 있어 무엇보다 부모로부터의 실제적 교육이 중요하다. 천국은 나 자신 그리고 가정에서부터 시작된다고 예수님도 말씀하셨다.

> 또 여기 있다, 저기 있다고도 못하리니 하나님의 나라는 너희 안에 있느니라 (눅 17:21).

　자녀를 위한 신앙 교육은 그들 장래의 성공과 행복의 길에 양탄자를 깔아 주는 역할을 한다. 부모는 자녀들에게 천국과 지옥에 대한 충분한 정보를 제공해야 한다. 물론 부모 또한 천국을 경험하지 못했지만, 최소한 성경 안에서 보여 준 천국의 비밀을 대신 전해 줄 수는 있다.
　어릴 때부터 천국과 복음에 확신이 없으면 장성해서 환경과 상황에 따라 언제든 자기 신앙을 버릴 수 있다. 이러한 천국에 대한 메시지와 함께 가장 중요한 것은 현실에 있어 부부간 언행이다. 부부가 서로 아름다운 언어를 쓰면 그 가정은 천국의 기틀을 세우게 된다. 부부간에 주고받는 감정이 섞인 과격한 말은 지금까지 아무리 천국의 성상을 쌓았다 해도 단번에 무너져 지옥 같은 가정이 될 수 있다.

큰 아들이 초등학교 3학년 때였다. 하루는 아들이 나에게 물었다.

"아빠, 어제 종교 수업 시간에 선생님이 성경과 다른 이야기를 했어요."

독일 학교는 종교 수업이 있다. 전통적으로 남부 프랑크푸르트를 중심으로 북쪽은 대부분 프로테스탄트가 차지하고 남쪽은 가톨릭이 발전했다. 독일에서는 아이가 태어나면 출생신고 시에 종교를 표기한다. 그리고 성인이 되어 급여를 받게 되면 종교세를 납부한다. 종교세는 신부님과 목사님의 급여와 교회 운영비를 지원한다. 요즘에는 국가의 도움을 받지 않는 자유교회가 있다. 이렇게 종교적 색채가 강한 독일은 학교 교육에서도 어릴 때부터 종교적 가치관을 강조한다.

초등학교의 종교 수업은 기독교, 가톨릭, 이슬람교 등이 있다. 하지만 종교 수업받기를 원하지 않는 학생은 윤리 수업을 받도록 학교가 지정하기도 한다. 우리 아이는 기독교 수업을 받지만, 수업은 보통 철학 수업 같은 인상을 풍긴다. 나는 내심 아이에게 올 것이 왔다는 생각을 했다.

"수업 시간에 무슨 이야기를 했는데?"

아들은 선뜻 대답하지 않았다. 나는 아들이 무슨 말을 할지 눈치를 챘다.

"원숭이가 사람이 된 이야기를 했니?"

"네!"

"그럼 너는 어떻게 생각하니?
성경이 옳다고 생각하니?

아니면 원숭이가 진화되어 사람이 된 것이 옳다고 생각하니?"
"저는 원숭이가 사람이 된 것이 이해가 더 잘 돼요."
"응. 그렇구나!!
"그렇다면, 우리 잘 생각해 보자, 만약에 원숭이가 진화되어서 사람이 되었다면 지금도 원숭이가 진화되는 과정이 있어야 하지 않겠니?"
"음 …"
"아들아, 원숭이는 천 년이 지나도 만 년이 지나도 원숭이는 원숭이야. 원숭이가 사람이 될 수 없고 사람이 원숭이가 될 수 없어!"

아들은 그때야 고개를 끄덕이며 얼굴이 환해졌다. 나는 자세히 알려 주고 싶어 말을 이어갔다.

"태초에 하나님께서 모든 것을 창조하실 때부터 그 한계를 넘지 못하게 창조하셨단다. 하지만 하나님께서 창조하신 모든 것은 완벽하므로 세월이 지나면서 다른 것으로 진화되거나 그 형체가 바뀔 수 없이 창조된 거야."
"네."
"악한 사탄은 하나님의 형상인 인간을 속여 동물로 만들어 가고 있어!
 인간이 하나님을 모르면 위대하게 창조된 사람이 스스로 동물처럼 살게 되는 것이지. 세상의 많은 사람은 사탄의 속임에 속고 있어. 성경을 잘 모르면 우리도 속고 살 수밖에 없단다."

아들은 눈을 동그랗게 뜨고 나의 말에 귀를 기울였다.

큰아들은 성격이 활달해서 마음에 있는 것을 숨기지 못한다. 나를 닮았는지 자기가 하고 싶은 일이 있으면 끝까지 이루어 내는 기질을 가지고 있다. 큰아들이 어렸을 때 장난감 판매대에서 늘 전쟁을 치른 것이 생각난다. 장난감 판매대를 지나다가 마음에 드는 것을 손에 잡으면 놓지 않았다. 원하는 것을 한 번 사달라고 하면 끝까지 받아내는 성격이다.

둘째 바울은 형과 다르다. 양보도 잘하고 눈치가 빠른 편이다. 원하는 것을 요구해야 할지, 말아야 할지를 먼저 알아서 눈치 있게 하는 편이다.

언젠가 아내와 다투며 서로 언쟁을 높이고 있었다. 그때 슬며시 둘째 아이가 다가왔다.

"아빠, 우리를 미워하세요?"

나는 아내와 싸움을 잠시 중단하고 아이를 돌아봤다.

"무슨! 아니야!

너희를 얼마나 사랑하는데 … 왜?

"엄마 아빠가 싸우는 것은 우리를 사랑하지 않는 거예요."

아이들은 자기들이 엄마 아빠의 결혼을 통해 태어나 너무나 행복하고 감사하다고 말했다. 하지만 그렇게 엄마 아빠가 싸우면 우리를 사랑하지 않는다는 생각이 든다는 것이다.

생각해 보니 고개가 끄덕여졌다. 아이들은 학교 생물 시간에 배운 임신 과정을 우리에게 설명하기 시작했다. 수많은 정자의 치열한 경쟁에서 자기들이 태어난 사실이 얼마나 경이로운 일인지 말을 쏟아냈다. 우리 부부는 소리를 높이며 싸우다 말고 아이들의 이야기를 들을 수밖에 없었다.

나는 아이들이 부모가 다투는 것에 대해 이처럼 민감하게 반응할 줄 미처 생각하지 못했다. 아이들이 보는 앞에서 부부가 다투며 서로 비방하는 것은 아이들에게 씻지 못할 상처를 줄 수 있다.

나는 아이들의 말을 경청하며 미안하다고 용서를 구했다. 그리고 다소 변명의 어조로 말했다.

"아빠가 자란 시대에는 잘 배우지 못해서 화가 나면 말을 함부로 하는 습관이 있어서 그렇단다. 아빠를 이해해 주길 바란다. 미안하다. 얘들아!"

예수님을 알게 되면서 경청과 겸손을 알게 된 것 같다. 아이들은 부모가 음성을 높이고 싸울 때 가장 불안해 한다.

나 역시 어린 시절을 생각하면 가슴이 울렁거린다. 어머니와 아버지가 심하게 싸울 때마다 마음에 깊은 절망과 두려움이 생겼다. 게다가 마음속 작은 희망마저 사라지는 느낌이었다. 어릴 적 부모님이 싸우면 밥상부터 날아갔다. 언어는 물론 육체적 폭력은 심한 후유증을 낳고 아이들을 극도의 불안감으로 몰아간다. 그 광경은 흡사 전쟁터 같았고, 깊은 상처가 깊게 생겼다.

부부 싸움은 자녀가 어릴수록 더욱 치명적인 영향을 준다고 한다. 아이들에게 있어 부모의 싸움은 부부 갈등이 아닌, 자기 생존에 대한 위협으로 받아들인다는 것이다. 그렇게 자란 아이들은 지나치게 위축되거나 반대로 공격적인 아이로 성장할 수 있다.

나의 경우, 어릴 적 부모님의 싸움은 마치 내 잘못처럼 생각되어 자존감이 한없이 낮아졌다. 가정 안에 천국을 이루려면 먼저 부모가 서로 사랑하고 행복하게 지내야 한다. 그것이 천국의 비밀이다.

아빠와 아들

큰아들이 18세가 되던 생일이었다.

"아빠, 이제 저도 성인이 되었습니다. 저에게도 권한이 부여되고 스스로 모든 것을 결정할 수 있는 나이가 되었습니다. 이제부터는 제가 하는 일에 저의 권리가 있습니다."

나는 아이의 말에 일단 고개를 끄덕이고는 입을 열었다.

"좋아!

먼저 성인이 된 것을 축하한다. 아들!

그 대신 해 주고 싶은 말이 있구나!

네가 네 권리를 가지고 스스로 할 수 있으려면 먹고 사는 것, 즉 경제적으로 해결할 힘이 있어야 한다. 부모의 도움을 받는 것을 벗어나 네 생활 문제를 스스로 해결할 수 있는 능력을 갖출 때 너의 권리가 온전히 자유롭게 되는 거야!

너는 아직 아빠 엄마의 도움을 받아야 하기에 네 권리보다는 부모에게도 같은 권리가 있다는 것을 알아야 해."

그러자 아들은 이해했다는 듯이 대답했다.

"네, 알겠습니다!"

독일의 아이들은 대부분 만 18세가 되면 부모를 떠나 스스로 자기 삶을 이어간다. 요즘에는 월세가 턱없이 올라 경제적 여건으로 독립이 늦는 경우가 있지만, 예전에는 따로 집을 얻어 자립하는 경우가 많았다.

아들의 권리에는 여러 가지가 포함될 수 있다. 중요한 일을 결정하는 것에 있어서도 자기 의견과 함께 부모의 생각을 질문하는 것도 포함될 것이다. 결혼 문제도 그렇다. 우리 부부는 늘 아이들에게 말했다.

"가능하면 같은 민족, 즉 한국 여성과 결혼하길 바란다."

말하자면 아이들에게 미리 결혼 대상을 상기해 준 셈이다. 어느 날 큰아들이 내게 다가왔다.

"아빠, 제가 외국 여자, 피부색이 까만 여자를 데리고 와서 결혼하겠다고 하면 아빠는 어떻게 하실 거예요?"

나는 즉시 대답했다.

"결혼해!"

그때 아들은 놀라며 반문했다.

"그럼, 아빠가 우리에게 하신 말씀과 다르잖아요."

"뭐가 달라?

아빠가 뭐 잘못됐어?"

"아니, 아빠가 늘 말씀하셨잖아요!

한국 여자랑 결혼하라고!"

나는 그때 아들에게 이야기했다.

"좋아. 가만 생각해 보자.

만약에 네가 피부가 까만 여성하고 사랑하고 결혼하기로 맘먹고 와서 아빠에게 말했는데 아빠와 엄마가 그 여자와 결혼하지 말라고 한다면 네가 부모 말에 순종할 수 있겠어?

아빠는 네가 사랑하기 전에 미리 배우자까지 염두에 두면 어떨지 조언하는 거였어. 아무래도 한국 여성으로 말이야.

하지만 이미 너 스스로 결정했다면 어떻게 막을 수가 있겠니?"

아들은 그제야 알았다며 웃었다. 우리 가족은 결혼 대상자 이야기로 한바탕 말 겨루기 시합을 하는 것처럼 대화를 주고받았다. 다행히 아이들은 아빠의 생각을 읽어 내며 이해하는 모습이 보여 흐뭇했다. 큰아들은 25세쯤 결혼하고 싶어 했다.

"아빠, 저는 일찍 결혼할래요!"

"그래 좋아!

그런데 너는 아직 학생이기에 공부를 끝내고 결혼하는 것이 바람직하다.

직장이 있어야 네 가족이 먹고살 수 있지 않겠니?"

아버지의 말에 순종한 아들은 열심히 공부해 대학을 졸업했다. 이후 미국계 유통 회사에 취직하고서야 결혼했다. 나의 큰며느리는 한국인 자매로, 우리 교회에서 청소년부 반에서 교사로 같이 섬기며 사랑하게 되었고 결혼까지 이르렀다. 아들은 약혼식을 치르고 나에게 할 말이 있는 듯 머뭇거렸다.

"아빠에게 할 말이 있어?

"네."

"무슨 걱정거리라도 있니?"

"저, 이제부터는 아버님이라 불러야 하지요?"

아들이 어디선가 들었는지 심각하게 호칭에 관해 물었다. 난 아들의 말에 웃음이 나왔다.

"음 … 아들아, 네가 가장 친근한 호칭으로 부르면 된단다.

아빠는 너희와 친하고 가깝게 지내고 싶어!"

"그럼, 저는 아빠라고 부르는 것이 좋아요!"

"그래, 아빠라고 불러. 이것은 성경적이야."

성경에도 하나님을 '아바, 아버지'라고 부른다. 아바는 '아버지'라는 단어의 친근한 표현이다. 아들은 어려운 결정이 있을 때마다 나에게 찾아와서 의논하곤 했다.

"아빠, 저는 사업하고 싶어요!"

아들은 결혼한 지 4개월이 지날 무렵, 갑자기 사업을 하겠다고 했다. 아들의 장모와 아내는 길길이 반대했다.

"응, 그래 …

그런데 사업을 하려면 돈이 있어야 하는데 돈은 어디서 나오냐?"

"아빠, 그것은 이미 제가 은행에서 확인했어요. 제가 사업 프로젝트를 은행에 제출했는데 검토하던 은행 측에서 사업 전망이 좋다며 대출을 해 주기로 약속했어요."

"그렇다면 속히 시작하도록 해!"

"아빠, 그렇게 말씀해 주시니 감사해요!"

"아직 아기가 없을 때 시작하는 것이 좋을 것 같구나."

나는 사업을 하려면 서두르라고 덧붙였다. 아들은 즉시 직장을 그만두고 사업을 시작했다. 장모와 아내는 반대가 심했다.

"사업이 얼마나 힘들고 어려운데 못하도록 설득해야 할 아버지가 같이 동조하면 어떻게 하나?"

이렇게 나를 타박했다. 나는 위로의 말로 설득했다.

"걱정하지 마세요!

하나님께서 도우십니다. 그리고 우리 아들은 사업해야 합니다."

하나님의 기적은 이미 처음부터 시작되었다.

독일 은행에서 사업 투자를 위해 돈을 빌리는 것은 극히 어려운 일이다. 더욱이 이십 대 젊은이에게는 더더욱 그렇다. 사업 프로젝트가 제아무리 좋다고 해도 새파란 청년에게 아무 재정 담보도 없이 사업 자금을 은행에서 그렇게 쉽게 융자해 줄 수가 없다. 그 시작 자체가 하나님의 이끄심이라고 나는 믿었다.

또한, 나는 아들의 사업을 재정적으로 도와줄 수 있는 처지가 아니었다. 그러나 전능하신 하늘 아버지의 능력은 나와 비교할 바가 아니다. 하나님께서 도우시면 불가능은 없다. 살아계신 하나님을 믿는다면 무엇이든 가능으로 바뀐다. 나는 아들의 사업을 적극적으로 믿어 주고 기도해 줄 뿐이었다.

사업을 시작한 후 약 7년 동안, 아들은 하루도 빠짐없이 새벽기도를 했다. 하지만 사업은 호락호락하지 않았다. 사업에 대한 기도의 응답보다는 어려운 상황만 계속되었다. 그래도 계속 기도했다. 상황은 그래도 나아지지 않았다. 약 5년 이상 아무것도 이뤄 낸 것이 없었다.

하지만 생각해보면 그렇게 힘든 상태에서도 5년을 견딜 수 있는 것 자체가 믿음이었고 기도의 힘이었다. 전혀 가망이 보이지 않는 상황에서 은행의 계속된 지원도 하나님의 도움이 있었기 때문에 가능한 것이다. 그렇게 어려운 가운데서 큰며느리는 대학 공부를 하면서 학생들 과외를 하며 번 돈으로 집안 살림을 책임졌다. 4년에서 5년 기간은 믿음의 시험 기간이라 믿었다.

우리 모두에게 힘든 시간이었다. 부모로서 어떻게든 사업을 돕고 싶었지만, 하나님께서 당신의 사랑으로 인도하심을 믿고 의지했다. 고난은 우리가 믿음으로 참고 기다려야 할 과제라고 생각했다. 어려움에 부닥쳐 있는 아들에게 전화로나마 위로했다.

"아들, 힘들지?"

그때마다 아들은 목소리도 우렁차게 답을 했다.

"네, 아빠 괜찮아요!

아빠!

기도만 해주세요. 모두 잘될 거예요."

아들의 믿음은 생각보다 단단하고 견고했다. 아들은 사업차 외국으로 출장을 떠날 때마다 공항에서 탑승 전 전화를 걸어왔다.

"아빠 이번에 중요한 미팅이에요!

기억하시고 꼭 기도해 주세요!"

"그래 알았다. 아빠가 기도할게. 다 잘 될 것이다."

"아빠, 고마워요!"

아들은 나의 말에 힘을 얻는 것 같았다. 내가 아버지 하나님의 음성에 귀를 기울이고 에너지를 얻는 것처럼 말이다. 둘째 아들도 형을 본받아 마찬가지였다.

"아빠, 출장 잘 다녀올 수 있도록 기도해 주세요."

아이들이 아버지 기도의 힘을 신뢰하고 부탁할 때마다 나는 정말 흐뭇하다. 이럴 때 나는 행복한 아버지라는 것을 느끼며 감사한다. 내 아버지 하나님도 내가 기도하고 의뢰할 때마다 그런 마음일 것 같다. 자녀들이 매사에 때마다 부모에게 기도 부탁을 하고 축복 기도를 받는 것은 부모로서 최고의 행복이고 보람이다.

"결혼이 장난이에요?"

독일에 온 한인 유학생 출신의 젊은 남성이 사업을 시작했다. 사업 초기에는 그럭저럭 잘 운영되는 것 같았다. 그는 독일어 소통이 힘들어 둘째 아들 바울의 도움을 받아 회사를 경영했다. 아들은 회사 일을 하느라 대학 공부는 늘 뒷전이었다. 언젠가 나는 다소 언짢은 표정으로 아들에게 말했다.

"너는 지금 공부에 집중해야 하는데 네가 잘 알지도 못하는 사람에게 너무 시간을 빼앗기는 건 아니니?"

"아빠, 이 회사를 제가 도와주지 않으면 안 돼요.

이 회사를 살려야 해요!"

하지만 회사는 점점 어려워져 수고비도 못 받는 지경이 되었다. 나는 참다못해 아들에게 말했다.

"바울아! 이제 그만 그 사람과 정리하고 공부해야 하지 않겠니?"

"아빠, 이렇게 어려운 상황인데 내가 그만두면 안 돼요."

바울은 같은 말만 되풀이했다. 나는 아들이 하루속히 정리하고 공부나 열심히 하기를 원했다. 그러나 아들은 계속 회사 일을 도와주었다. 이후 점점 사업이 어려워지면서 경영하던 이가 그만두었다. 하지만 한국에서 투자하던 사람이 아들과 손을 잡고 새로 시작하게 되면서 회사는 회복되기 시작했다.

　이 무렵 큰아들은 사업 전망이 있는 제품을 찾아 사업을 시작하려고 했다. 하지만 자본금이 없었다. 우리는 기도하면서 하나님께 도움을 청했다. 이때 바울과 함께하던 사장이 큰아들의 자금난을 알고 1차 사업 비용을 도와주기로 약속했다. 그렇게 아들은 처음으로 다웃렛에서 점포를 열게 되었다. 처음 배당 받은 점포는 원래 장사가 잘 안되고 취약한 장소였다.

　이 점포는 상가의 구석진 곳에 있어 고객이 별로 찾지 않는 곳이었다. 그러나 이런 장소라도 감사하게 생각하고 문을 열었다. 그런데 개업 첫날부터 기적이 일어났다. 아웃렛에서 고객이 가장 많이 몰려드는 점포가 되었다. 다른 곳은 영업이 안 되는데 유독 아들의 점포만 물건이 없어 못 팔 정도였다. 그곳 관리자들도 기적을 보았다. 나중에 안 사실은 이 점포에서는 개업하면 6개월을 제대로 넘기지 못하고 문을 닫았다고 한다.

　하나님께서 도우시는 것을 한 눈으로 보았다. 하나님께서 돕는다면 장소가 문제가 아니다. 마치 광야에서 메추라기 떼처럼 양식을 부으시고, 고객을 불러 모으시는 하나님이다. 그렇게 아들의 사업은 확장되어 갔다. 하나님의 전적인 은혜요, 기적이다.

　내가 할 수 있는 것은 아들의 신앙과 사업을 위해 쉬지 않고 기도하는 것이다. 바쁜 시간 중에라도 자녀에게 하나님을 더 사랑하고 믿음이 견고해지도록 일깨워 주고 권면하는 것도 나의 몫이다. 아버지가 이루지 못한 것을 아들들이 이루고, 이 시대를 감당하는 능력자들이 되도록 나는 늘 기도한다.

　2011년 여름, 우크라이나에 청년 단기선교가 잡혀 있었다. 큰아들은 단기선교에 가기로 했지만 둘째 아들은 못 간다고 했다. 나의 바람은 두 아들 모두 단기선교에 다녀왔으면 하는 마음이었다.

"바울, 가능하면 이번 단기선교에 같이 가면 좋겠어."

하지만 아들은 회사 일로 어렵다고 했다. 기도하면서 나는 하나님께 간청했다.

'주님, 바울도 단기선교에 가도록 여건을 열어 주세요!'

그렇게 기도하던 중 출발 일주일을 앞두고 바울이 단기선교에 가기로 했다는 연락을 받았다. 나는 하나님께 다시 한번 감사 기도를 드렸다.

뒤늦게 결정하다 보니 직행 비행기는 이미 만석이라 자리를 얻지 못하고 두 번이나 갈아타야 했다. 하지만 어렵게 가는 여정이라도 가겠다는 아들의 결단이 감동적이었다. 24시간이 소요된다는 말에 차라리 안 가는 게 낫지 않을까 생각도 되었지만 그렇게라도 가겠다는 아들의 뜻이 대견했다. 큰아들은 일찍 비행기 표를 구했기에 직행으로 4시간이면 도착한다고 했다. 큰아들이 탑승 전에 전화를 걸어왔다.

"아빠, 기도해 주세요. 선교 잘하고 돌아올 수 있게!"

"응 알았다. 기도할게."

그날 저녁 8시쯤에 둘째 바울이 공항에서 전화가 왔다.

"아빠, 이제 출발해요. 우크라이나까지 24시간 걸려요. 비행기를 두 번이나 갈아타야 해요."

나는 두 아들에게 기도하는 아버지라는 인상을 준 것에 대해 감사하다. 두 아들이 선교를 잘할 수 있도록 나에게 기도를 부탁하는 모습이 나를 흐뭇하게 했다.

"아빠가 기도 많이 할게, 잘 다녀오너라."

전화를 끊고 나서 기도를 드리다 두 눈에서 감동의 눈물이 흘렀다. 4시간이면 갈 수 있는 거리를 2번이나 갈아타면서, 24시간이나 걸리는 긴 시간으로 선교를 떠나는 둘째 아들의 결단은 정말로 값진 것이었고 주님께서 기뻐하시리라 믿는다. 큰아들은 당시 결혼했기에 부부가 함께 가게 되어 더욱 감사했다. 선교지에서 아들에 대한 선교지 목사님들의 칭찬도 무척이나 감사한 일이었다.

아들들은 중요한 사업 미팅이나 결정할 일들이 있을 때마다 아버지에게 기도 요청을 한다. 나에게 있어 아들들에게 신앙의 본이 되기 위해 더 깊이 기도에 집중하게 되는 효과도 있다.

둘째 아들은 나이가 서른이 되도록 사귀는 여자가 없고 결혼에 관심을 보이지 않았다. 내심 걱정이 되었다. 서둘러 결혼하라고 하면 아들은 아무나 결혼할 수 없다고 핑계 대기 일쑤였다. 결혼에 대해 언급하면, 아들은 이렇게 반문했다.

"아무 여자라도 결혼하라는 말씀이에요?"

그때 나는 말했다.

"좋아, 아무 여자라도 한 번 데리고 와서 말해!"

그러다 더는 안 될 것 같아서 고민 중에 방법을 생각해 냈다. 그것은 바로 아들 배우자를 위한 집중 기도였다. 그때부터 구체적으로 기도하기 시작했다. 1년을 정해 놓고 기도하기로 하고 2013년 10월 중에 카톡으로 문자를 보냈다.

"바울! 아빠는 네가 올해 안에 결혼하게 해 달라고 하나님께 기도하고 있어!'

그러자 곧바로 답이 왔다.

"아빠, 올해는 아니에요."

그렇다면 내년에는 계획이 있다는 뜻으로 이해하고 다시 문자를 보냈다.

"올해 말까지 아직 두 달 남았으니 계속 기도할 거야!"

그러고는 답변이 없었다. 다음 날 바울에게서 전화가 왔다.

"아빠, 오늘 호텔에 들를게요. 아빠, 호텔에 계시죠?"

당시 나는 호텔을 운영할 때였다.

"응, 언제든지 오너라."

전화를 끊고 나자 잠시 후 바울에게서 다시 전화가 왔다.

"아빠, 선주랑 같이 가게 될 거예요!"

"응, 알았어!"

나는 그때 느낌이 왔다. 분명히 아들이 여자 친구와 같이 오겠다는 것은 확실한 계획이 있을 것이 분명하다. 그날 저녁에 두 사람이 들어올 때 주님께 기도했다.

> 주님, 만약 두 사람이 주님께서 짝지어 주신 사람이면 10일 내로 선주가 스스로 이곳을 다시 오게 하시면 바울과 정하신 사람이라고 믿겠습니다. 아멘!

그날 저녁 우리는 저녁 식사를 하며 즐겁게 지냈다.

아들이 나에게 말했다.

"아빠, 선주가 내일 한국행 비행을 해야 하는데 잠을 설쳐서 걱정되네요. 오늘 저녁에 선주가 편안하게 잘 자도록 기도해 주세요."

아들의 기도 부탁은 간절했다. 선주는 독일 항공사에 스튜어디스로 근무하는 자매였다. 우리는 한자리에 모여 선주가 편안하게 잘 자도록 해 달라고 기도했다.

다음 날 10시쯤에 선주에게서 전화가 왔다. 어제 기도를 받고 잠을 잘 잤다는 고마움의 안부 전화였다. 우리는 응답하신 주님께 감사했다. 그

후 4일이 지나 선주에게서 전화가 왔다.

"장로님, 저 비행 갔다가 돌아오는 길인데요. 한국에 계신 어머니께서 밑반찬을 싸 주셔서 장로님 댁에 드리려고요.

잠깐 들러도 괜찮을까요?"

나는 4일 전에 기도했던 것이 생각났다. 아들이 공항에서 선주를 픽업해 두 사람이 들어오는 것을 보고서야 결혼 상대라는 것을 확신하며 하나님께 감사했다.

2013년 12월 초에 두 사람을 집으로 불러 결혼할 것을 확인했다. 나는 아들에게 내년 2014년 4월에 결혼하라고 이야기했다. 그러자 아들은 반색했다.

"아빠, 결혼이 장난이에요?"

"아빠는 장난이 아니므로 빨리 결혼하라는 거야!"

"그렇게 쉽게 결혼하는 것은 아니에요."

바울은 강경했다. 방법은 또 기도뿐이었다.

"주님, 4월은 제가 좋아하는 계절입니다. 만물이 생동하는 4월에 아들이 결혼하도록 도와주세요. 아멘."

나는 계속 기도하고 중보 기도까지 요청했다. 한 달 후인 2014년 1월에 한국에 계신 선주 부모님이 독일을 방문했다. 바울과 선주 그리고 선주 부모님이 함께 며칠간 여행을 떠났다. 선주 부모님이 결혼을 서두르라고 말했는지 모르지만, 여행에서 돌아온 바울은 마음을 돌이켰다. 결혼하겠다고 선포했다.

우리 부부는 곧바로 선주 부모님과 상견례를 했다. 먼저, 결혼에 대한 제안을 부모님께 말씀드렸다. 간단하게 하는 방법으로 서로 간에 예단이나 예물을 서로 안 하고 안 받는 식이었다. 사돈댁에서 나의 제안을 잘 받아 주셨다. 그 후로 바울과 선주는 결혼 날짜를 서둘러서 4월 5일 식목일로 택했다. 그렇게 하나님의 축복 속에서 아름다운 결혼식을 치렀다. 모든 것이 하나님의 은혜였다.

제5장

전도로 기쁨 얻는 삶

나는 이 광경에 너무 놀라 말문이 막혔다.
할렐루야!
박 형이 일어서서 걸어갈 희망을 품긴 했지만,
실제 상황이 된 것을 보고 꿈만 같았다.
내 기도가 응답되는지의 여부를 확증할 수 있었다.

독일로 탈출한 사우디 노동자를 전도하다

1981년 1월경, 어느 주일 아침이었다. 성령이 강하게 역사해 기도하고 싶어 견딜 수가 없었다. 나는 곧바로 거실 소파 옆에 무릎을 꿇었다. 옆에 있던 두 살 된 아들은 천방지축 뛰어다니고 있었다. 그 옆에서 나도 모르는 이상한 기도 속으로 깊이 빠져들었다.

"하나님, 전도하게 해 주세요!"

간절한 기도가 흘러나왔다. 그러자 곧바로 하나님께서 전도하러 가라는 메시지를 주셨다.

"하나님, 어디로 갈까요?"

그렇게 묻자, 북쪽이라는 음성이 들렸다. 내 마음 속에, 우리 부부가 계속 전도하려는 임 씨 가정을 오늘 부르시나 보다 생각했다. 결국, 하나님이 열매를 맺게 하신다는 기대감에 부리나케 그 집으로 향했다.

초인종을 누르자 문이 열렸다. 문이 열리는 순간 역겨운 냄새가 내 얼굴을 향해 날아들었다. 그동안 집 안에 갇혀 있던 담배 연기와 술 냄새가 확 밀려 나온 것이다. 흡사 막 공기를 뺀 풍선 주머니처럼 강력했다. 순간 나는 '어이쿠!' 하고 뒤로 물러섰다. 밤이 지나도록 여러 사람이 피운 담배 연기와 술 냄새가 이루 말할 수 없이 역겨웠다. 나는 토할 것 같아 재빨리 뒤로 주춤하고 물러섰다.

문득 여기는 전도할 곳이 아니라는 생각이 들었다. 그때 임 씨가 피곤이 덕지덕지 묻은 채로 서 있었다.

"무슨 일로 여기까지 오셨어요?"

나는 당황스러운 마음을 뒤로하고, 잠깐 들렀다고 둘러댔다. 임 씨는 전날 아들 첫돌 잔치에 많은 음식을 준비하고 친한 사람들을 초대한 모양이었다. 술 파티와 고스톱을 치느라 날이 새도록 놀았다는 것이다. 사실 우리도 초대를 받긴 했다. 하지만 그 파티 상황을 잘 아는 우리는 전날에 아기 돌 선물만 전달했고, 다른 볼일이 있어 참석 못 한다고 말했던 게 생각났다.

나는 임 씨 집을 보며 이 집은 전도할 대상이 아니라는 판단을 하고 집으로 돌아왔다. 하지만 하나님은 계속 내 마음을 재촉하며 전도하러 가라는 것이다. 만일 순종하지 않으면 요나 꼴이 될 것 같은 생각이 들었다. 나는 다시 두 손을 모았다.

"하나님 어디로 가야 합니까?"

그러자 다시 북쪽으로 가라는 것이다.

'북쪽이라 …'

얼핏 생각나는 사람이 있었다. 나와 같은 해에 독일에 온 박병량 씨다. 그는 광부로 일하는 동안 귀를 다쳤고, 그 탓에 얼굴도 약간 비뚤어져 있지만, 마음은 착한 사람이다. 박 형은 나를 사랑과 따스함으로 챙겨 준 사람이었다. 사실 박 형에게도 여러 차례 전도했지단, 그는 내가 하나님 얘기만 꺼내면 버럭 화를 내었다. 심지어 나의 방문을 거절하며 다시는 오지 말라는 막말까지 했다. 그렇게 친한 사이였어도 전도에서는 콘크리트처럼 두껍고 단단한 장벽을 쳤다.

나는 혹시 하나님께서 전도 대상으로 박 형을 말하는 것이 아닐지 하는 생각이 들었다. 곧바로 박 형네 집으로 달려갈 수밖에 없었다. 박 형은 초인종 소리에 밖으로 나오더니 내 모습을 보고 놀라는 눈치였다. 나는 두말할 필요도 없이 대뜸 말했다.

"박 형, 오늘 교회 갑시다!"

"이 사람아! 그런 소리 하려면 오지 말라고 했잖아!"

그는 손사래를 치며 거절했다. 잠시 후 고개를 옆으로 돌리던 박 형은 이렇게 말했다.

"정 그러면, 저 사람이나 교회에 데려가!"

가리키는 곳에 웬 낯선 사람이 허술한 양복 차림으로 서 있었다. 초라한 행색과 어딘가 근심이 많아 보였다. 나는 내키지는 않았지만, 옆에 서 있는 사람에게 교회에 가보겠냐고 의향을 물었다.

"네, 그럼 가볼까요?"

그는 마치 기다렸다는 듯 흔쾌히 따라나섰다. 그를 차에 태우고 집으로 와 점심을 함께 먹었다. 그리고 어린 아들과 아내와 함께 교회로 향했다. 예배가 끝난 후에는 15킬로미터 떨어진 박 형네 집까지 다시 데려다주었다.

나는 별 의미 없이 교회로 데리고 갔기에 다음 주에는 이 씨에게 따로 연락하지 않았다. 그리고 잊고 있다가 우리 가족만 예배를 드린 후 집에 막 들어섰을 때였다.

잠시 후 전화가 걸려 왔다.

"안녕하세요. 정 선생님!

오늘도 저를 데리러 오실 줄 알고 기다렸습니다."

지난주에 만난 이 씨였다. 가 자기를 교회에 데려 갈 줄 알고 박 형의 집 문 앞에서 기다렸다는 것이다. 그 말을 듣자 갑자기 하나님의 음성이 나를 책망하시는 듯했다. 하나님은 어떤 사람도 예외 없이 전도에 있어 평등하고, 또 누구나 사랑하심을 깨달았다.

"제가 미처 생각을 못 해 실수를 했습니다. 죄송합니다. 우리 교회에서 화요일과 금요일에 성경공부가 있습니다. 두 모임에 참여하겠습니까?"

그러자 그는 흔쾌히 "참여하겠다"고 말했다. 사실 그를 위해 먼 거리를 왕복하는 것이 부담이었다. 그래도 하나님이 원하신 뜻이라면 순종해야 했다. 그렇게 3주 정도 지났을 때 이 씨가 말했다.

"이제는 안 오셔도 됩니다. 제가 교회 가는 차편을 다 익혔습니다."

이 씨는 신앙생활에 열정적이었다. 이후 교회에서 고개 숙여 간절히 기도하는 이 씨의 모습을 심심찮게 볼 수 있었다.

당시 우리 교회에는 부활절마다 세례식이 있었다. 그런데, 이번에 이 씨도 세례를 받을 예정이라는 것이다. 교회 출석한 지 3개월도 안 된 사람인데 너무 빠른 것 같았다. 내가 의아해하며 묻자, 목사님은 미소 지으며 말했다.

"세례 받는 날 보시면 알게 되실 겁니다."

드디어 이 씨가 세례를 받는 날이 왔다. 세례식 전에 몇 사람이 대표로 간증하는 순서가 있었다. 그중 이 씨도 강대상 앞에 섰다.

저는 사우디에서 노동자로 근무하다가, 도망 나온 사람입니다. 사우디에 있을 때 인사 담당자가 나를 몹시 싫어해 날마다 저를 괴롭혔습니다. 견디다 못해 고민하다가, 파독 광부로 온 동생이 독일 프랑크푸르트에 거주하고 있어 동생을 찾아온 사람입니다. 그러나 동생 역시 얼마 전에 결혼해 신혼생활로 단칸방에 살고 있습니다. 단칸방에서 신혼생활을 하는 동생과 지낼 형편이 되지 못했습니다. 그러나 저는 갈 곳이 없었습니다. 따라서 부득이하게 동생 집에 머물러야 하는 처지였습니다. 며칠이 지나서 동생은 더는 나를 용납하지 못하고 외면하게 되었습니다. 저는 갈 곳 없는 신세가 되었습니다.

얼마 후 저의 딱한 사정을 아신 박병량 선생님께서 잠시라도 자기 집에 머물게 허락했습니다. 며칠 머무는 동안, 수많은 고민과 걱정을 했지만, 저 스스로는 저에게 당면한 문제를 해결할 방법이 없었습니다. 궁지에 처한 나의 결론은, 자살하는 것이 모든 문제의 해결책이라고 생각했고 자살에 대한 모든 준비가 완료되었습니다.

이제 저에게 시행만 남아있던 중이었습니다. 적절한 시간과 장소를 알아보고 있던 저에게 정승식 선생님이 찾아왔습니다. 예수님의 사랑으로 전도해 주신 정 선생님께서 나의 인생에 대한 희망의 가이드를 해 주셨습니다. 죽었어야 할 나에게 새로운 삶과 영생의 기회를 얻게 해 주셨습니다. 저는 그날 교회에서 주일 설교를 들으면서 하나님께서 살아 계신 것을 알게 되었습니다. 또한, 나 같은 사람을 부르시고 십자가로 나의 모든 죄가 용서되었음을 믿어지게 하신 목사님께 감사를 드립니다.

그리고 저는 이제부터 새로운 삶으로 주님의 복음을 전해야 할 목적이 있는 사람이 되었습니다. 저는 이제 한국에 가서 저의 모든 잘못에 대해 처벌도 받을 준비가 되어 있습니다. 그리고 예수님의 사랑을 전해야 할 책임이 저에게도 있음을 깨닫게 되었습니다. 저는 밤마다, 깊은 산에서 기도할 때마다 주님께서 저에게 성령으로 환상을 보여 주셨습니다. 이제 저는 주님을 전해야 합니다. 하나님께서 살아계셔서 저같이 불쌍한 사람을 부르신 그 사랑을 다른 사람에게도 전하라고 하셨습니다.

이 씨는 이날 간절한 간증과 함께 세례를 받았다. 모든 성도는 은혜와 감동으로 눈물을 흘렸고 회심의 역사가 일어났다. 이 씨의 간증으로 온 교회 성도는, 살아계셔서 역사하시고, 소외된 자를 찾아오셔서 희망과 새로운 삶으로 인도하시는 하나님께 감사 기도를 드렸다. 세상에서 외면당해 갈 곳 없는 자를 부르셔서 희망을 주시고 천국 길로 인도하시는 하나님만 영광 받으시길 원했다.

예비된 영혼, 박 형

내 마음속에는 여전히 박 형이 걸렸다. 그때까지 믿지 않았던 박 형을 구원 받게 하는 것이 소망이었다. 하지만 아무리 정성을 쏟아도 본인이 싫다고 하기에 전도하기는 쉽지 않았다.

그 후 박 형과 나는 이십 년 동안 만나지 못했다. 삶이 바쁜 이유도 있지만 뜻이 다른 사람과 시간을 허비할 필요가 없다고 판단되어서였다. 서로 연락 없이 지내던 그해 가을이었다. 박 형의 육십 세 되는 생일이라는 소문을 들었다.

나는 함께 독일에 온 파독 광부 동료 열 명에게 전화를 걸어 '박 형 회갑 잔치를 해 주면 어떻겠냐'고 이야기했다. 동료들도 승낙했고, 각자의 형편에 따라 돈을 모아 한국 식당을 예약했다. 이날 4-50명의 축하객이 모여 회갑 잔치가 성대하게 치러졌다.

그날 이후, 우리는 오랜 세월 만나지 못했다. 간접적으로 다른 사람을 통해 가끔 소식만 들었을 뿐이다. 하지만 하나님은 박 형에 대한 전도의 끈을 놓지 않고 나에게 거룩한 부담을 주셨다. 참으로 이해할 수 없는 이상한 일이었다. 박 형에 대한 전도의 마음을 계속 일어나게 하는 것은 분명 하나님만이 주시는 메시지였다.

결국, 2016년 겨울에 우리 부부는 교회 목장 예배에 박 형을 초대하자는 아이디어를 생각해 냈다. 물론 예배라는 사실은 숨기고 말이다. 아내와 나는 박 형이 자연스럽게 목장 식구들과 교제하게 될 것을 기대하며 저녁 만찬에 초대했다. 영문도 모른 채 박 형은 승낙했다.

저녁 식사 시간까지는 분위기가 좋았다. 우리는 저녁을 먹은 후 잠시 뜸을 들이고 예배를 시작할 생각이었다. 그런데 목장 가족들이 빨리 예배를 시작하자고 서두르는 바람에 얼떨결에 찬송을 찾아 부르려는 순간, 박 형의 표정이 확 달라졌다. 갑자기 일어나더니 지금 당장 집에 가겠다며 두 손을 부르르 떨었다.

더 이상 그를 붙잡을 수가 없었다. 늦은 저녁이라 일반 차편이 정지되고 버스가 닿지 않았다. 그를 혼자 집에 가게 할 수가 없어 34킬로미터가 넘는 거리를 차로 태워 주겠다고 말했지만, 여전히 그는 화난 모습으로 굳이 혼자 가겠다고 했다. 나는 통사정해 그를 겨우 집까지 태워다 주었다.

집에 오니 밤 10시가 넘었다. 이미 시간은 많이 지났지만, 목장 가족들은 그때야 예배를 함께 드렸다. 다음날 박 형에게 전화를 걸어 미안하다고 사과하고, 그 후 1년 동안 아무런 소식도 없이 지나갔다.

다음 해인 2017년 12월 초, 박 형의 이웃에 사는 김 씨에게서 전화가 걸려 왔다.

> 정 장로님, 다름 아니라 내가 박 형에 관해 이야기하지 않으면 정 장로님께 원망을 들을까 봐 말씀드립니다. 박 형이 어제 대학 병원에 입원했어요. 아마도 며칠 못 살 것 같아서 알려드립니다.

너무 놀랐지만, 마음을 간신히 추슬렀다. 정해진 시간 외에는 면회도 안 되고, 그것도 가장 가까운 친척만 방문할 수 있다는 말을 듣고 저녁 시간에 병원을 찾아갔다.

간호사가 나에게 환자와 어떤 관계인지 물었다. 나는 "함께 독일에 온 동료며 친하게 지내는 사이"라고 말했다. 곧이어 담당 간호사가 문을 열어주며 병실로 안내했다. 병실에 들어서자 마치 발전소의 변압기처럼 몸 전체가 전선과 호흡기로 묶여 있는 듯 보였다. 목구멍과 코에도 호스가 연결되어 있었다. 인공호흡기에 의지한 호흡은 대장간의 풍채 소리 같았다. 입술이 터져 피가 나 마른 모습은 보기가 흉하고 의식도 없었다. 몸에 손댈 곳도 없어서 겨우 팔 위쪽을 쓰다듬어 주었다. 간호사에게 넌지시 물었다.

"이 사람이 살아날 가능성이 있습니까?"

"글쎄요. 이 상태에서 더 악화가 안 된다면 좋은 것이지요."

면회 시간 20분이 지나, 병실을 떠나야 할 시간이 되자 망설여졌다. 나는 잠시 묵상기도를 했다. 막상 일어서려는 순간 음성이 들렸다.

"너 장로인데, 그냥 갈 거냐?"

그 음성이 나의 마음을 움직였다. 이것은 분명 하나님께서 나에게 하시는 말씀이라 생각했다. 다시 용기를 내어 그에게 다가갔다. 팔목을 잡고 병실에 있는 사람이 다 들을 수 있는 큰 소리로 부르짖었다.

"사랑의 하나님!

박 형을 불쌍히 여기사, 이번만 살려 주세요!

그리고 예수님 믿게 해 주세요!

그리고 걸어서 교회에 나오도록 도와주세요. 아멘!"

다른 보호자들과 간호사들은 아마도 나를 목사라고 생각했을 것이다. 이틀 후에 다시 병원을 방문했을 때는 전보다 더 악화되어 있었다. 역시 잠깐 지켜보다가 소리 내어 같은 내용으로 기도했다. 악화되었다는 소식에 낙심이 되기도 했지만, 하나님의 뜻을 믿으며 기도에 돌입했다.

들은 바로는 박 형은 몇 년 전에 어떤 사람의 인도로 천주교 신자가 되었다고 한다. 천주교회에 몇 번 출석해 영세까지 받았다. 천주교회에서 이미 장례식을 준비한다는 소식을 들었지만, 나는 개의치 않았다. 어차피 연고자도 없는데 누군가 장례를 맡아 준다면 그에게 좋은 일이었다. 어찌 보면 의식도 없고 죽을 사람인데, 운명했다는 소식만 기다리고 있을 때였다.

그 후 약 석 달 정도가 지났다. 나는 박 형에 대해 까마득하게 잊고 있었다. 그때 함께 독일에 온 파독 광부 동료에게서 전화가 걸려왔다. 박 형의 상태에 대한 나의 질문에 그는 말했다.

"응, 지금은 상태가 좋아서 이야기도 하고 나를 알아보고 반가워했어. 지금은 일반 병실에 있다네."

그 말을 듣고 그날 저녁 박 형을 방문했다. 그는 어느 때보다 나를 무척 반가워했다. 우리는 병 상태가 좋아진 것을 감사하며 이런저런 이야기를 나눴다. 그때 갑자기 그가 반짝이는 눈으로 나를 쳐다보았다.

"승식아, 나를 위해 기도해 줘!"

난 당황하지 않을 수 없었다. 예수 말만 하면 그토록 화를 내며 분노하던 사람이 갑자기 기도해 달라니…. 잠시 주저하다가 먼저 하나님께 감사의 기도를 올렸다. 그리고 하루속히 회복되어 두 발로 예배에 나올 수 있게 해 달라고 간절히 부르짖었다. 이틀 후에 문병하러 갔을 때도 그는 나를 빤히 쳐다보며 졸랐다.

"야, 승식아 기도 안 하냐?"

나는 그의 손을 꼭 잡고 역시 마음을 모아 기도했다. 그 후 박 형을 병간호하는 이웃 사람에게 소식을 들었다. 그의 상태가 다시 나빠져 중환자실로 옮겼다는 것이다. 그는 의식이 없었다. 아내와 같이 방문해 말을 해보았지만 역시 반응은 없었다. 그를 위해 간절히 기도하고 돌아왔다. 일주일 후 다시 병원을 찾아 박 형의 문병을 왔다고 말하자 그는 다른 병동으로 옮겨졌다고 했다. 알려준 병동으로 갔더니 다행히 상태가 좋아서 말을 많이 했다. 그는 나에게 조용히 말했다.

> 내가 중환자실에서 석 달 동안 있을 때, 자네가 나를 위해 기도하는 것을 누워서 다 알아들었네. 자네가 간절히 나를 위해 살려 달라고 기도해서 내가 살아났어. 고맙다 승식아!

박 형은 나에게 감사를 멈추지 않았다. 그가 무의식중에 있을 때 열두 명의 의사들이 자기가 누워 있는 침상에 빙 둘러서 비상 회의를 했다고 한다. 그때 자기 영혼이 공중에 떠올라 의사들의 회의 광경을 지켜보았다고 한다. 의사들은 자기가 살아날 가망이 없으니, 며칠만 지켜보자고 말했다는 것이다.

그리고 그는 알 수 없는 미지의 세계를 보았다고 했다. 그곳이 어딘지 알 수 없으나 늘 떠돌아다니고 있었다고 한다. 자기 혼이 보는 앞에서 자기 육체를 관속에 입관하는 장면도 보았다며, 알 수 없는 영혼의 세계를 경험했다는 것이다.

나는 그에게 구원에 관한 이야기를 해 주고 영접 기도를 하게 했다. 성경 말씀을 크게 프린트해 주기도 하며 계속 기도했다. 그는 휠체어를 타고 다니는 수준이 된 것에 감사했다.

　3주 후 우리 부부는 시간을 내어 문병하러 갔다. 박 형이 병동에서 혼자 무엇인가 먹고 있었다. 우리는 반가운 마음에 "박 형!"이라고 외쳤다. 그는 우리를 힐끗 보고는 가만히 지팡이를 의지하고 일어섰다. 게다가 "따라오라"고 하며 우리보다 빠른 걸음으로 한적한 장소로 안내했다. 나는 이 광경에 너무 놀라 말문이 막혔다.

　"할렐루야!"

　박 형이 일어서서 걸어갈 희망을 품긴 했지만, 실제 상황이 된 것을 보니 꿈만 같았다. 내 기도가 응답하는 여부를 확증할 수 있었다.

　박 형이 죽은 자처럼 누워 있을 때 큰 소리로 기도한 것이 생각났다. 예수님께서 불쌍히 여기셔서 그를 살려 주셨다. 자기 발로 교회에 출석해 예배드릴 수 있게 해 달라고 간구했는데 응답이 되어 무엇보다 감사했다.

　이제는 박 형 자신이 먼저 내 손을 잡고 기도를 받으려고 애쓰는 모습이 꼭 어린아이 같았다. 그는 전도에 있어 참 고마운 사람이다. 사우디에서 근로자로 있다 탈출한 이 씨도 구원받게 한 징검다리였다.

　그는 하나님을 거절했지만, 하나님은 그를 버리지 않으셨다. 안타까운 일은 '박 형이 일찍 예수님을 영접했다면 더 멋진 삶을 살게 되었을 텐데' 아쉽게도 죽음의 위기 앞에서 예수님을 그때야 받아들인 것이다. 그 후 박 형은 세상을 떠나기 일주일 전부터 내게 용서를 구했다. 용서의 내용은 내가 그에게 전도할 때 나를 무척 미워했다면서 그것에 대해 속죄하고 싶다고 했다.

　나는 즉시 알 수 있었다. 분명히 하나님께서 그를 하늘나라로 데려가실 준비를 하시는 것을 …. 그리고 그는 고백했다. 어린 시절 열 살 무렵까지 교회를 다니다가 어머니가 무당이 되면서 교회를 못 나오게 되었다는 것도 말이다.

하나님은 어린 시절 믿었던 신앙의 씨앗을 잊지 않으시고, 그의 생애 가운데 오래도록 인내하며 기다리신 게 분명했다. 나는 그저 그의 영혼을 하나님께로 되돌리게 한 전도의 도구로 사용됐을 뿐이고 또한 사용됐음에 감사할 뿐이다.

어린 시절 믿음의 씨앗을 하나님은 헛되이 보지 않으셨음을 느낀다. 박 형은 복음을 받아들이고 양로원에서 1년을 편안히 지낸 후 하나님의 부르심을 받았다. 천사 같은 모습으로 본향으로 돌아갔다. 그의 마지막은 어느 때보다 평안했다. 하나님은 어린 시절의 순수한 박 형을 있는 그대로 보시고 천국에서 다시 안아 주셨을 것이다.

박 형!
지금쯤 예수님과 행복한 시간을 보내고 있겠죠!
다시 만납시다!

전도가 되어집니다

세상은 사랑이 식어 가도 거짓과 유혹이 나의 믿음을
사정없이 흔들어도 그럴수록 당신을 향한
기다림은 더 간절해집니다.
다시 오실 당신을 맞이하려는 마음은 조급하여
당신을 맞이하는 그날을 밤과 낮에도 사모하며 기다리렵니다.
천사장의 호령과 하나님의 나팔 소리로
나의 이름 석 자 부르실 그날 오기를!

아버지는 불교와 무속 신앙을 가진 우상 숭배자였다. 나는 그런 집안의 장남으로, 아버지가 필요로 하는 모든 부적과 사당을 치는 검기 줄을 만들었다. 그런 내가 독일에 와 불신앙과 미신을 멀리하고, 온전하신 예수 그리스도를 믿는 예수쟁이로 거듭난 것이다. 우리 집안에서는 실로 기적 같은 사건이었다.

세례를 받던 그날은 내 마음에 한없는 자유와 평안함이 가득했다. 주님의 사랑이 임했고 은혜로 가슴이 벅차올랐다. 이후 내 삶의 모든 면에서 자신감이 생겼고 담대해진 나를 발견했다. 전에는 독일 사람들 앞에 서면 나도 모르게 위축이 되었는데 이제는 달라졌다. 사람들 앞에서 나는 더 당당해졌다.

그리고 근심과 걱정이 사라지고 오직 주님의 은혜에 감사할 뿐이었다. 나 같은 죄인이 하나님의 자녀가 되었다는 것이 놀라웠고 예수님의 사랑으로 새 삶을 얻은 그 자체가 신비했다. 주일예배가 기다려지고 교회가 좋아지고 예배를 드리는 것이 행복했다.

우리 가족이 사는 주변 아파트에는 상사 주재원 가정들이 살고 있었다. 나는 상사 가정을 찾아다니고 성경 이야기를 전하며 전도하는 사람이 되었다. 사람을 만나 복음을 전하지 않으면 마음이 불안해서 견딜 수가 없었다. 세상 사람들을 보면 왠지 불쌍한 마음이 들었다.

'저들이 지옥가면 어떡하지'

이런 마음이 나를 가만히 내버려 두지 않았다. 그래서 복음 전하다가 창피를 당하고 욕을 먹고 했지만 내 마음은 한없이 기뻤다. 주재원 가정들을 전도해 함께 신앙생활을 하다가 임기를 다하고 떠날 때, 공항 안에서 많은 사람이 오고가는 통로에서 그들을 위해 큰소리로 기도하곤 했다.

<죄 짐 맡은 우리 구주>, 이 찬양은 나의 고백이었다. 찬송은 날마다 나의 마음을 감동시켰고 내 영혼이 천국을 향해 날아오르는 느낌이었다.

'하나님이 함께하면 초막이나 궁궐이나 그 어디나 하늘나라.'

어디나 천국을 경험하고, 죄인도 원수도 다 친구가 되는 것이다.

하지만 은혜 생활을 하는 나에게 핍박과 박해가 따라오기 시작했다. 사람들은 나를 돌았다, 미쳤다고 말하고 정신 빠진 사람이라고 비아냥거렸다. 어떤 이들은 "저렇게 믿으면 망한다"라며 무시와 조롱을 일삼으며 나의 처음 신앙을 흔들었다. 때로는 기존 신앙인들에게 더 많은 냉대를 당했다.

"예수를 너 혼자만 잘 믿는 척하지 말라."

이런 충고를 받기도 했다. 그러나 나 스스로 잘 믿는 척한 적은 단 한 번도 없었다. 난 그저 성경에 나온 대로 하나님만 바라볼 뿐이었다.

어떤 이는 교역자 집안의 아들인데, 그는 바른 신앙으로 권면하는 것이라며 나의 신앙생활을 비판하고 내 신앙의 걸음을 흔들었다.

그러나 성경은 나를 그 사람들 말에서 지켜 주었다. 성경에 기록된 많은 믿음의 선배들도 신앙 때문에 핍박받는 일이 많았다는 것을 알게 되었다. 누구든지 말씀대로 살면 칭찬보다 핍박도 같이 있다는 것을 기억해야 한다.

'십일조는 왜 하느냐?
하나님이 너의 돈을 요구하겠느냐?
네가 내는 헌금이나 십일조가 하나님을 도울 수 있느냐?'

사람들은 나의 헌금 생활과 십일조에 대해서도 조롱했지만, 하나님께 행한 일이라 억지로 하는 것이 아니었다. 나는 그들의 말에 흔들리지 않았다. 그때마다 하나님 말씀이 내게 용기를 주셨다. 환경이나 조건이나 어떤 것도 나의 신앙을 꺾지 못했다. 내가 가진 것 없어도 주님이 나의 상급이라고 믿으며 모든 것을 잘 참을 수 있었다.

오랜 세월이 지나 언젠가 목사님께서 설교 말씀 중에 우리 집에 첫 심방 오신 이야기를 한 적 있다. 목사님은 나와의 첫 만남에 대해서 언급하면서 첫인상을 이야기했다.

"정 집사님의 첫인상은 엄격한 일본 순사 같아 접근하기 두려웠어요."

그렇다. 하나님은 순사처럼 냉랭했던 나 같은 사람을 불러 천사 같게 하셨다. 목사님은 그렇게 나의 첫인상을 예화로 활용하며 설교했던 적이 있다. 인상은 쉽게 변하지 않는다는 말은 맞지 않는다. 예수 그리스도의 보혈로 사람의 얼굴도 달라질 수 있기 때문이다.

은행 상사 주재원 가정을 전도하다

은행 주재원 가정이 한국에서 새로 부임해 우리 집 반대편 위층로 이사를 왔다. 그들이 이사한 것을 알고는 있었지만, 약 한 달 정도 소통이 없었다. 그 부부에게는 두 딸과 아들이 있었다. 막내아들은 3살 정도로 활발하고 개구쟁이였다. 어린아이가 그렇듯 높은 데서 뛰어내리기를 좋아하고 쿵쿵거리며 달려 다녔다. 그러다 보니 아파트 아래층 사람에게는 큰 소음이 된 모양이다. 아래층 이웃이 며칠을 참다못해 올라왔다. 체격이 크고 뚱뚱한 터키 출신의 부인이었다.

그녀는 굵은 목소리로 짜증을 내며 아이에게 주의를 줄 것을 요구했지만 아이는 그때뿐이었다. 그렇다고 아이를 묶어놓을 수도 없었다. 아이 엄마는 몸집이 큰 터키 여자가 무서웠다. 게다가 아랫집 사람이 화를 내며 하는 말을 도통 이해할 수가 없었다.

그런데 이후부터는 아이가 뛸 때마다 올라오는 것이다. 그때 아이어머니가 우리 집에 찾아와서 층간 소음에 대해 하소연했다. 그 이야기를 다 듣던 아내는 차를 준비해 함께 마시며 그녀를 안정시켰다.

"우리는 예수를 믿습니다.

우리 잠시 이 문제를 하나님께 올려서 기도할까요?"

그러자 아이어머니는 흔쾌히 기도해 달라고 했다. 아내는 짧게 기도하고 나서 아이어머니에게 조용히 말했다.

"혹시 잘할 수 있는 음식이 어떤 것이 있어요?"

아이어머니는 잡채를 잘할 수 있다고 했다. 아내는 이렇게 제안했다.

"그럼, 잡채를 만들어 함께 터키 가정에 찾아가 아이의 사정 이야기를 해보기로 해요."

아내와 아이어머니는 이웃 가정을 찾아가 잡채를 건네며 어린아이를 통제하는 데 따른 어려움을 이야기했다. 그렇게 설득하자 터키 여성은 잘 "알겠다"며 고개를 끄덕였다. 그 후로는 더 올라오지 않았다.

이 일이 있고 난 후, 우리는 은행원 가정을 별 어려움 없이 교회로 인도하게 되었다. 부인은 세 아이와 열심히 교회에 다녔다. 하지만 남편을 전도하는 것은 쉽지 않았다. 1년이 지난 후, 그 가족은 여름 휴가차 오스트리아 빈으로 여행을 떠났다.

그 가족이 여행 중에 시내 구경을 위해 관광 마차에 올라탔다고 한다. 출발을 기다리던 중, 마차 옆문이 제대로 달혀 있지 않아서 마부가 문을 닫기 위해 마차에서 내렸다. 그때 마부가 문을 닫는 소리에 갑자기 말이 놀라 발작을 일으켰다. 결국, 마차는 마부 없이 시내를 질주하게 되었고 그 바람에 온 가족이 타고 있던 마차가 뒤집히는 사고가 났다.

다행히 아이들과 부인은 가벼운 상처만 입었지만, 남편은 뇌진탕이라는 판정이 나왔다. 정상 회복은 어렵다는 진단이 나왔다. 의사의 말을 듣자마자 낙심이 된 부인은 곧바로 독일에 있는 우리 교회에 전화를 걸어왔다. 교회의 모든 성도는 합심으로 그 가족을 위해 특별 기도를 했다. 다행히 그곳에서 한인 교회를 만나게 되어 그곳 목사님의 도움으로 문제를 수습하고 순조롭게 독일 병원으로 후송할 수 있었다.

부인은 머리를 다친 남편을 위해 하나님께 전심으로 기도했다. 교인들도 위기를 만난 그 가정을 위해 합심으로 기도했다. 남편은 두 달 후 회복되고, 또 두 달이 지나 건강이 정상으로 회복되었다. 하나님이 고쳐 주셨음을 믿고 온 교인과 그 가정은 하나님께 영광을 돌렸다. 그 일이 있고 난 후 남편은 열심을 내어 신앙생활을 했다. 그리고 감사가 넘치는 가정이 되었다.

하루는 그 부인이 나에게 전도 부탁을 했다. 유럽 한인 은행 금융감독원 원장 격으로 있는 분의 가정이었다. 자기가 서툰 신앙으로 전도했지만, 그분들이 기독교에 비판적이라 전도할 수 없다고 했다. 그래서 그 주 토요일 저녁 식사에 초대했으니 함께 식사하면서 그 가정을 전도해 달라는 것이다. 나는 거절할 수가 없어 허락했다. 하지만 내심 걱정이 앞섰다. 당시 나도 초신자이다 신앙을 잘 알지도 못하는데 그들에게 무슨 말을 해야 할지 생각이 떠오르지 않았다. 마음에 부담을 안고 하나님께 기도했다.

"모든 면에서 나보다 실력이 월등한 분들 앞에서 어떻게 전도해야 할지 나는 모릅니다.

주님 나를 도우소서!"

그렇게 간절히 하나님께 기도하며 입술에 지혜를 달라고 간청했다.

드디어 토요일 저녁이 되어, 초대한 가정으로 갔다. 그런데 잠시 후 전도할 원장님 가정에서 전화가 왔다. 다른 분과 저녁 약속이 있는 것을 깜박하고 중복 약속이 되어 미안하다고 하는 것이다.

그리고 선약된 곳에서 식사한 후 오겠다고 먼저 식사를 하라고 했다. 그 말을 듣고 나는 내심 기뻤다. 마음이 홀가분해졌다. 속으로 오지 않았으면 하고 바랐다. 하지만 내 기대와는 달리 우리가 식사를 끝낼 무렵 초인종이 울렸다. 생각보다 일찍 도착한 것이다.

'아, 큰일이다. 내가 무슨 말을 저분들에게 할 수 있을까?'

걱정이 태산이었다. 사십 대 부부와 자녀로는 열 살쯤 되어 보이는 여자아이, 네 살 정도의 남자아이가 집으로 들어왔다. 우리는 서로 간단하게 인사를 나누었다. 초대한 집 어머니는 이분은 "염광교회 정승식 집사님입니다"라고 나를 소개했다. 소개가 끝나자마자 그분은 툭 던지는 대구 사투리로 물었다.

"당신은 천국을 믿습니까?"

그 질문은 내가 대답하기에 가장 간단한 질문이었다. 그때 나는 생각할 필요도 없이 자신감 있게 말했다.

> 네, 바로 그것입니다. 성경에서 말하는 것은 천국이 있으므로 우리는 잘살아야 한다고 가르치고 있습니다. 예수를 믿어야 합니다. 천국이 있으므로 예수가 이 땅에 오셨습니다. 그리고 성경 속에 수많은 사람이 천국을 위해 그들의 삶을 희생했습니다. 그들이 세상에서 그토록 좋아하던 것을 배설물처럼 버리고 천국을 얻고자 했던 것입니다. 천국에 가지 못하는 자는 누구나 지옥에 갑니다. 지옥은 그 반대로 무섭고 영원토록 고통을 당하는 곳입니다.

간단하게 천국과 지옥에 대해 설명을 하자, 그분은 더 이상 다른 질문은 하지 않았다. 그리고 두 가정이 이런 저런 이야기를 나눈 중에 우리 부부는 바쁜 일이 있다는 이유로 일찍 자리를 떴다.

다음 날은 주일이었다. 우리 교회는 예배 시간이 오후 두 시였다. 우리는 보통 1시 전까지 교회 와서 예배 준비를 위한 시설과 장치를 해야 한다. 그런데 전날 전도 받았던 원장님 가정이 먼저 교회 앞에서 어린 딸과 같이 있는 것을 보고 무척 놀랐다. 그렇게 쉽게 교회에 나올 줄 누가 감히 생각했겠는가.

관장 부인은 심한 결벽증이 있어 손님이 그 집에 다녀가고 나면 화장실부터 시작해 문손잡이까지 새로 닦아야 하는 사람이었다. 그런데 예수님을 믿은 후 말씀을 통해 구원의 확신을 얻고 결벽증이 사라져 자유한 삶을 살게 되었다.

나는 그 가정을 인도해 주신 하나님께 감사했다. 그리고 우리 이웃집 가정은 오늘날까지 하나님을 사랑하며 열심히 신앙생활을 하고 있다. 또한, 부부가 한국에서 장로와 권사직분을 받아 맡은 소명을 다해 충성되게 섬기며 은혜로운 가정이 되었다. 천하보다 귀한 한 영혼을 전도하는 것만큼 소중한 것은 없다.

제6장

믿음의 시련을 견디는 삶

———

하나님은 손가락이 없는
불구의 연약한 여성을 보내셔서 우리를 도우셨다.
글씨 쓰기가 힘들어 입을 사용한 그 여인은
분명 하나님이 보내신 분이었다.
우리가 실의에 빠져 있을 때
천사를 보내어 편지를 써 가며 도왔던
여인의 행적은 우연이 아니었다.

삶이 변하는 예배란?

놀랍다 그 크신 은혜로
너무나 엄청난 사랑이시여!
나 같이 타락한 자를 구원해 주셨어요.

길 잃고 방황하던 내가
이제는 길을 찾았어요.
눈이 가려서 볼 수 없었던 주님을,
진리의 눈 밝혀 주셔서,
그 놀라우신 은혜를 볼 수 있어요.

당신의 크신 은총은 내 가슴을 벅차게 하셨어요.
그리고 내 가슴에 평화를 주셨지요.
내게 베푸신 은혜는 얼마나 값진 것인지요.
내 마음, 이제는 믿음의 마음이 되었어요.

수많은 죄의 유혹으로 고통하던
나에게 평화의 길을 열어 주시고

그 은혜를 감사하게 하시네요.

은총의 사랑이여!
그리고 달콤한 음성이,
나같이 불쌍한 자를 사랑하신대요.
방탕했던 그날들을 회개하며
이제, 당신 은총 안에서 영원히 살래요!

독일 프랑크푸르트 공항 인근 4성 호텔의 조리사였던 S 씨 ….
그는 하나님을 알지 못했다. 결혼 적령기가 된 그는, 독일에 사는 언니를 보러 온 아가씨에게 마음을 빼앗겼다. 하지만 딱 하나 걸리는 것이 있었다. 그 아가씨는 막 신앙을 시작한 기독교인이었다. S 씨는 일단 그 아가씨와 결혼에 골인하면 교회를 못 나가게 해야겠다고 생각했다.

하지만 결혼 후 며칠이 지나 아내가 부흥회에 참석하겠다고 집회장으로 향했다. 집회 장소는 공항에서 멀지 않은 거리였다. 근무가 끝난 조리사 S 씨는 아내 없는 집에 가기가 싫었다. 아내를 데려올 생각으로 집회 장소에 도착했다. 아직 예배가 끝나지 않아 조용히 뒷자리에 앉았.

그때였다. 말씀을 듣던 중 갑자기 성령이 S 씨를 사로잡았다. S 씨는 경련을 일으켰고, 악한 귀신이 떠나가는 광경이 펼쳐졌다. 목사님이 안수하고 나서도 그는 죽은 사람처럼 누워 있었다. 잠시 후 자리에서 일어난 S 씨는 완전히 다른 사람이 되어 있었다. 아내를 만나러 왔던 그에게 역사하신 하나님의 임재는 폭발적이었다.

오랜 동안 교회를 핍박했던 그는 회심 후 열심히 교회에 출석하며 신앙의 경륜을 쌓아갔다. 결국, 조리사의 길을 떠나 목회자로 헌신하는 삶의 개혁이 일어났다. 모두 예배를 통해서 나타난 기적이다. 예배는 삶의 희망이자 목표를 세우는 시간이다. 세상에서 길을 잃고 방황하다가 지친 사람들에게 생명수를 부어 주는 놀라운 은혜의 시간이다.

> 피곤한 자에게는 능력을 주시며 무능한 자에게는 힘을 더하시나니 소년이라도 피곤하며 곤비하며 장정이라도 넘어지며 쓰러지되 오직 여호와를 앙망하는 자는 새 힘을 얻으리니 독수리 날개치며 올라감 같을 것이요 달음박질하여도 곤비치 아니하겠고 걸어가도 피곤하지 아니하리로다(사 40:29-31).

삶의 문제로 연약해진 사람들에게 성경 말씀은 무엇보다 큰 위로가 된다. 하나님의 말씀은 생명력이 있다. 힘들고 지쳐 쓰러진 자에게 회복의 영으로 답답한 마음을 시원하게 하고 꿈을 심어 준다. 교회는 이러한 소생의 힘이 하나님의 말씀에 있음을 가르쳐야 한다.

나의 경우도 말씀과 기도로 구할 때마다 자신감과 능력을 얻는다. 그것은 예배를 통해 가능하다. 세상 속에 섞여 불순한 생각과 자기의 추한 모습을 말씀의 거울에 비춰보게 되면 비로소 참 평안이 이 안에 있음을 깨닫게 된다.

> 하나님의 말씀은 살아있고 활력이 있어 좌우에 날 선 어떤 검보다도 예리하여 혼과 영과 및 관절과 골수를 찔러 쪼개기까지 하며 또 마음의 생각과 뜻을 판단하나니(히 4:12).

하나님의 말씀은 새로운 희망으로 내 영을 살아나게 한다. 하나님은 지금도 세상에서 고난당하는 자기 백성을 긍휼히 여기시며 승리하도록 도우시는 분이다.

또한, 주일의 설교가 나를 움직이도록 해야 한다. 하나님께 대한 은혜의 체험이나 성령으로 거듭남이 없거나 아니면 하나님의 말씀을 영으로 받은 적이 없는 장님 목자일 수도 있다. 전하는 자가 맹인이 되면 아무리 좋은 말로 설교할지라도 사람을 변화시킬 수 없다. 그러므로 성령의 인도하심이 아니면 사람을 변화시키는 능력이 없다.

> 그냥 두라. 그들은 맹인이 되어 맹인을 인도하는 자로다. 만일 맹인이 맹인을 인도하면 둘이 다 구덩이에 빠지리라 하시니(마 15:14).

> 너를 만들고 너를 모태에서부터 지어낸 너를 도와 줄 여호와가 이같이 말하노라 나의 택한 종 사랑하는 아들아, 두려워하지 말라. 나는 목마른 자에게 물을 주며 마른 땅에 시내가 흐르게 하며 나의 영을 네 자손에게, 나의 복을 네 후손에게 부어 주리니 그들이 풀 가운데서 솟아나기를 시냇가의 버들같이 할 것이라(사 44:2-4).

어떤 20대 자매가 프랑스 파리에서 미술을 공부할 때였다. 미군 장교와 결혼한 언니의 초청으로 독일 프랑크푸르트에 잠시 방문했다. 그때 이웃 아주머니의 전도로 교회에 나왔다가 성령의 역사가 이루어졌다. 그 자매의 몸에서 악령들이 떠나는 기적을 체험했다. 그 자매는 유학 생활에서의 번민과 고뇌에서 평안을 찾고 하나님을 경험했다.

하지만 그 자매가 하나님을 아는 특별한 열심으로 교회에 자주 나가자, 정작 자매의 언니는 못마땅하게 생각했던 모양이다. 언니는 어떻게든 교회에 못 나가도록 통제하려고 했지만 쉽지 않았다. 저녁 성경공부를 마치고 집에 돌아오면 문을 열어 주지 않았다. 그래도 동생의 신앙은 꿋꿋했다.

동생은 오랜 세월 어머니를 증오해 왔다. 이유는 어머니가 자기를 임신하였을 때 아들이라고 믿고 있다가 딸이 태어난 것에 무척 실망한 것에서 비롯한다. 어머니는 갓 태어난 어린 딸을 추운 겨울에 차가운 방 윗목에 하루 동안 방치하고 있다가 아이가 죽지 않고 울자, 마음에 찔림을 받아 겨우 젖을 먹이게 되었다고 한다.

나중에야 어머니의 솔직한 고백을 들었지만, 딸은 심한 상처를 받았다. 어머니에게 배신감을 느끼고 용서가 되지 않았다. 자라오는 동안 어머니가 유독 자기에게 화를 많이 낸 이유를 알게 된 것 같아 더 상처가 컸다. 하나님을 믿고 어머니를 용서하려고 했지만 쉽지 않았다. 하지만 거듭된 말씀으로 변화를 받은 후 어머니를 미워하는 것이 큰 죄임을 깨닫고 회개하기 시작했다. 어머니를 미워했던 죄에서 드디어 용서의 자유를 알게 되었다.

그녀는 그렇게 간증하고 오랜 동안 많은 사람을 주님에게 인도했다. 주의 종으로 부르심을 받아 한국에서 신학을 하고 전도자의 사명으로 살게 되었다. 성도는 기도를 통해 능력을 얻으며, 신앙은 성령을 통해 열매가 나타나야 증인의 삶이 된다. 이것은 매우 중요하다. 예수님께서도 기적을 행하신 후에 제자들이 이런 질문을 했다.

"예수님, 어떻게 이런 일이 있을 수 있습니까?"

이르시되 기도 외에 다른 것으로는 이런 유가 나갈 수 없느니라 (막 9:29).

기도는 하나님과 연결하는 능력의 통로이며 우리가 받을 능력의 원천이다. 깨어있는 자는 말씀을 읽고 기도의 삶을 살게 된다. 기도하는 자는 깨어있는 자다. 성도는 믿음이 있는 만큼 기도하게 되고, 말씀과 기도를 통해 신앙이 성장한다. 하나님의 아들이신 예수님도 이처럼 기도했다. 밤과 새벽에도 예수님은 기도를 쉬지 않았다.

그렇다면, 죄를 짓고 살아온 우리는 무슨 핑계를 더 할 수 있을까?

때로는 기도하는 도중에 어려운 일이 더 많이 일어나고 또 잘 되던 일까지도 꼬여서 기도하는 마음에 의심이 생기기도 한다.

열심히 기도하는데 왜 더 일은 꼬이고 있을까?

의문을 가질 때도 있다.

그럼에도 믿음의 기도를 포기하지 않고 열심히 해야 결국 불신과 염려를 물리치게 된다. 많은 사람은 믿음에 대한 투지력이 약해서 기도 중 의심이 생기면 중간에서 포기하고 물러서기 때문에 끝내 기도의 열매를 거두지 못한다. 이것은 사단이 방해하는 또 하나의 함정이다. 또는 하나님의 테스트일 수도 있다. 성경에 보면 가나안 여인의 예화가 있다.

> 가나안 여자 하나가 그 지경에서 나와서 소리 질러 이르되 주 다윗의 자손이여 나를 불쌍히 여기소서. 내 딸이 흉악하게 귀신 들렸나이다 하되 예수는 한 말씀도 대답하지 아니하시니 제자들이 와서 청하여 말하되 그 여자가 우리 뒤에서 소리를 지르오니 그를 보내소서. 예수께서 대답하여 이르시되 나는 이스라엘 집의 잃어버린 양 외에는 다른 데로 보내심을 받지 아니하였노라 하시니, 여자가 와서 예수께 절하며 이르되 주여 저를 도우소서. 대답하여 이르시되 자녀의 떡을 취하여 개들에게 던짐이 마땅하지 아니하니라, 여자가 이르되 주여 옳소이다마는 개들도 제 주인의 상에서 떨어지는 부스러기를 먹나이다 하니, 이에 예수께서 대답하여 이르시되 여자여 네 믿음이 크도다. 네 소원대로 되리라 하시니 그때부터 그의 딸이 나으니라(마 15:22-28).

성경 본문처럼 많은 사람은 시험에서 다 넘어지지만, 가나안 여인은 단 한 치도 물러서지 않고 진실하신 주님의 사랑을 끝까지 인정함으로 응답을 받아냈다. 그러나 때로는 어려움을 당하는 것도 기도의 응답일 수 있다. 결국, 내 생각대로 응답이 안 된다고 뒤로 물러서거나 중단한다면 하나님의 인도를 경험하지 못함을 알 수 있다.

그래서 기도를 중단하는 일이 있어서는 안 된다. 이것은 믿음을 시험받는 기도가 되기 때문이다. 하나님께서는 분명히 우리의 기도를 들으신다고 성경은 약속했다. 성경에서는 믿을 만한 증거가 많이 기록되어 있다. 성경은 거짓말을 하지 않는다.

> 예수께서 제자들에게 항상 기도하고 낙심하지 말아야 할 것을 비유로 말씀하여 이르시되 어떤 도시에 하나님을 두려워하지 않고 사람을 무시하는 한 재판장이 있는데 그 도시에 한 과부가 있어 자주 그에게 가서 내 원수에 대한 나의 원한을 풀어 주소서 하되 그가 얼마 동안은 듣지 아니하다가 후에 속으로 생각하되 내가 하나님을 두려워하지 않고 사람을 무시하나 이 과부가 나를 번거롭게 하니 내가 그 원한을 풀어 주리라 그렇지 않으면 늘 와서 나를 괴롭게 하리라 하였느니라. 주께서 이르시되 불의한 재판관이 말한 것을 들어라. 하물며 하나님께서 그 밤낮 부르짖는 택하신 자들의 원한을 풀어 주지 아니하시겠느냐 내가 너희에게 이르노니 속히 그 원한을 풀어 주시리라. 그러나 인자가 올 때에 세상에서 믿음을 보겠느냐 하시니라(눅 18:1-8).

끝까지 부르짖는 기도와 간절한 마음으로 구하는 것이 믿음이다. 하나님을 신뢰하는 믿음이 아니고는 끈기 있게 기도할 수 없다. 하나님은 기도를 통해 성도와 교제하신다. "인자가 올 때 세상에서 믿음을 보겠느냐"(눅 18:8)라고 하시며 마지막 때는 이렇게 기도하는 자가 많지 않음을 말씀하셨다.

이스라엘 백성이 광야 생활에서 하나님의 지시를 따라야 했다. 지시가 있을 때까지 그 장소에서 기다려야 시행착오를 하지 않았다. 기도하는 사람만이 하나님의 때를 알고 기다릴 수 있으며, 하나님의 뜻이 이루어질 때까지 참고 견딜 수 있다. 초조하고 낙심이 되는 순간이 와도 기도를 포기하지 않고 기다림을 잊지 않는 것이 믿음이다.

예배는 나를 강하게 하고 담대하게 앞을 향해 도약하게 한다. 그리고 예배를 통해 자기가 어떤 사람인지 깨닫게 될 때 하나님 앞에서 더 겸손할 수 있다.

성경에 야곱의 이야기가 나온다. 나는 야곱이라는 이름을 좋아한다. 야곱이라는 이름에는 몇 가지 뜻이 있다. 그러나 하나님께서 야곱이라고 부르실 때 그 뜻은 분명하다. 너는 나의 도움이 있어야 사는 사람임을 잊어서는 안 된다는 것이다. 성도는 하나님 없이는 못 산다고 고백할 수 있어야 산다. 하나님은 야곱 같은 자들을 찾으시고 도우신다. 성도는 예배를 통해 주님을 만나고 자유를 맛보며 소망과 비전의 소망을 얻는다.

말씀은 나의 힘이요, 능력이요, 도전하는 삶이 되게 하신다. 어린 다윗이 거대한 골리앗과 싸워서 승리할 수 있는 용기는 말씀에 대한 신뢰가 있었기 때문이다. 말씀을 깨달은 사람은 환난이나 어려운 역경을 당해도 슬퍼하지 않고, 오히려 고난으로 말미암아 감사하며 하나님께 가까이 나갈 수 있는 신앙인이 된다. 성도는 누구나 하나님의 임재 체험을 해야 그리스도의 사랑과 은혜를 말할 수 있다.

Tornado 전투기 터빈 회사에서

1979년부터 KHD 터빈 회사의 자재과에서 근무했다. 전투기 터빈 엔진을 제작하는 회사로 사내 환경이 깨끗하고 조용한 아주 좋은 직장이었다. 그러나 이 회사에는 나를 미워하는 사람이 있었다. 아침에 그를 만나면 하루 종일 기분이 좋지 않았다. 그는 옆 건물 자재과에 근무하는 독일인 디터(Dieter)였다. 그는 외국인에 대해 무조건 혐오하는 차별주의자였다.

나는 그를 매일 만나야 하는 상황이었고 자주 함께 일을 해야 했다. 마음이 불편했지만, 그를 만날 때마다 친절하게 인사를 건넸다, 하지만 돌아온 것은 차가운 눈빛뿐이었다.

'예수님이라면 이런 상황에서 어떻게 하셨을까?'

나는 이렇게 늘 기도하며 그에게 최대한 친절을 베풀려고 노력했다. 하지만 그의 냉담한 반응은 변함이 없었다. 계속 함께 근무하는 것이 마음에 큰 부담이었다.

그럼에도 매일 나는 하나님이 주신 감사와 즐거운 마음으로 근무에 임했다. 그러기에 디터와 대면할 때마다 기분이 상하거나 인상을 찌푸리는 일이 없이 잘 견딜 수 있었다.

어느 날 아침이었다. 자재과장이 나에게 말했다.

"지금부터 디터가 일하는 자재 2과에 가서 밀린 자재들을 정리하세요."

나는 디터와 일한다는 생각에 마음이 조금 불편했지만 자재 2과로 향했다. 그곳에서 묵묵히 자재 목록표를 정리할 때였다. 누군가 내 옆에 서 있다는 느낌이 들어 눈을 들었다. 다름 아닌 말 없이 나를 내려다보는 디터의 싸늘한 눈빛이었다.

나와 눈이 마주치자 그는 퉁명스럽게 말을 건넸다.

"너는 도대체 언제 너의 나라로 돌아갈 생각이냐?"

기분 나쁘게 비아냥거리는 말투였다. 나는 마음이 좋지 않았다. 긴 호흡을 한 번 한 후 그를 향해 '씩' 웃으며 말했다.

> 나는 언제든지 내 고향으로 돌아갈 준비가 되어 있어. 나는 가방 두 개만 챙기면 언제든지 떠날 수 있지만 하나님이 나를 독일에 머무르게 하셔서 여기 있는 거야. 그 이유는 하나님께서 너희를 위해 날 독일에 남아 있으라고 하셔서 오늘도 여기 있는 것이지. 나는 먹고 살기 의해 여기서 일하는 것이 아니라 다만 하나님께서 독일에 있으라고 하시는 동안 너희와 있을 거야.

나는 이렇게 무례하게 말하는 사람에 의해 좌지우지될 필요가 없었다. 그는 나의 당당한 말투에 깔깔 웃었다.

"요즘 세상에 하나님이 어디 있어?

네가 하나님을 보긴 봤어?"

그는 계속 빈정거렸다. 그러면서 막말을 이어 나갔다.

"정신이 나간 형편없는 아시아 사람이군!"

나는 마음이 몹시 상했지만, 가만히 듣고 있었다.

내가 너에게 꼭 말해 주고 싶은 게 있어. 나는 모든 외국인은 다 싫어하지만 유독 싫어하는 외국인이 바로 너 같은 아시아인들이야!
길을 걷다가도 아시아 사람이 있으면 방향을 돌려 다른 곳으로 갈 정도로 싫어하지!
그런 점은 내 아내도 같은 생각이야.

그는 인종 차별적인 발언을 서슴없이 내뱉었다. 나는 더 이상 참을 수 없어 주저하지 않고 말했다.

너, 하나님 무서운 줄 모르는구나!
하나님은 지금도 모든 인류를 평등하게 사랑하는 천지의 주인이셔. 그분은 그렇게 말하는 너의 교만을 미워하신다. 예수 그리스도를 믿지 않으면 지옥 형벌이 기다리고 있어.

나는 그 앞에서 열변을 토했다. 나의 당당한 태도에 그는 약간 누그러진 말투로 대꾸를 했다.
"나도 어릴 적엔 어머니와 교회를 다녔지만, 그곳에 하나님은 없었어."
그때 나는 이때다 싶어 말을 이어 나갔다. 하나님은 사람의 눈으로 볼 수 있는 분이 아니라고 거듭 강조했다. 하지만 그는 과학이 증명하지 못하는 것은 모두 거짓이라며 반박했다.

지금 세상은 초과학적인, 즉 과학이 증명하지 못하는 것이 수도 없이 많으며 너도 알다시피 사람은 언젠가는 모두 죽을 운명이야. 사람은 죽기 전 천국에 갈 준비를 해야 하고, 그 준비는 바로 예수 그리스도를 믿는 것이지.

그러자 그는 눈에 핏대를 세우며 대꾸했다.

"사람이 죽으면 끝이지, 다른 게 뭐가 있어?
네가 죽은 사람 영혼을 봤니?"

그는 계속 반박했지만, 나는 여러 방법으로 내가 만난 하나님에 대해 설명해 주었다. 그날은 다른 날과 달리 일을 하면서도 오랫동안 하나님에 대한 설전을 벌였다. 결국, 마지막에 그가 나에게 이렇게 말했다.

너와 이야기를 하다보니 너에 대해 약간 호감이 가는군. 그런데 내가 한 가지 말해 줄게. 난 내가 사는 동안 내 생명의 연한이 가깝다는 것을 느낄 때 내 몸을 대학 병원에 실험용으로 기증을 할 생각이야. 하하.

그는 자기가 다른 세상 사람들을 위해 좋은 일을 하고 있다며 쉴 새 없이 자랑을 늘어놓았다. 우리의 토론은 거기서 막을 내렸다. 아쉬움이 많았지만, 그에게 하나님에 대해 할 말은 다 한 것 같았다.

다음날이었다. 회사에 출근했는데 직원들이 삼삼오오 모여 웅성거리고 있었다. 평소와 다른 스산한 분위기였다. 무슨 일인지 궁금해 동료에게 물어 보았다.

"자재 2과에 근무하던 디터가 어제 밤에 집에서 심장 마비로 죽었어."

이 말을 듣는 순간 갑자기 등골이 서늘해졌다.

'아, 우리 인생은 한 치 앞길도 셈을 할 수 없구나!'

어제 아침만 해도 그는 하나님을 무시하며 자기의 생이 많이 남아 있는 것처럼 행동했다. 하나님이 그분의 형상을 닮은 사람, 그중 얼굴색이 다른 외국인도 공평하게 사랑하신다는 것을 몰랐다. 또한, 인종 구별 없이 만민을 위해 독생자 예수 그리스도가 십자가에 달려 돌아가셨다는 것을 믿지 않았다. 디터는 그렇게 인간적인 교만함으로 외국인을 하찮게 여기며 멸시했다.

인간은 그 생명의 호흡을 다시 거둬가면 끝나는 피조물이라는 것을 망각하고 산다.

우리가 무슨 권한으로 하나님의 시간을 함부로 재단할 수 있을 것인가?

디터는 회개의 시간도 없이 세상을 떠나고 말았다. 육신의 호흡을 멈추고 하나님 앞에 섰을 때 어떤 모습으로 하나님을 만날 것인지 상상이 되었다. 하나님이 보이지 않는다며 자기 의를 내세우던 그는 자취도 없이 영원한 어둠 속으로 사라져 버렸다. 전날 그가 했던 말이 다시 떠올랐다. 그는 자신에 찬 목소리로 의기양양하게 말했다.

"나는 평생을 먹고살 만한 돈이 준비되어 있고, 2년만 더 일하고 퇴직해서 세계 일주 여행하면서 인생을 즐기고 살 거야."

하지만 인생은 그를 기다려주지 않았다.

성경 속의 부자처럼 생명은 하나님의 소관임을 우리 인간이 어찌 안단 말인가?

욕망은 하나님이 훅 불어버리면 끝나는 먼지와 같은 것이다. 난 디터와의 경험으로 복음 전도에 더 열정적으로 다가갔다. 하나님이 육신의 장막을 거둬가기 전, 되도록 많은 이에게 복음을 듣게 하고 싶었다.

그 후 2년이 흘렀다. 전 세계는 유가 파동이 일어났고 독일 경제도 큰 타격을 받았다. 많은 기업은 불경기로 인원 감축이 불가피해졌다. 내가 근무하는 회사도 직원을 줄이고, 내가 있는 자재과에서 한 명을 감축해야 한다고 했다.

가장 유력한 해고 대상자는 나였다. 하나님 앞에 무릎을 꿇고 기도하는 방법밖에 없었다. 나는 무엇보다 하나님의 영광을 가리게 될 것이 염려스러웠다.

> 나의 하나님, 만일 내가 이 회사에서 해고당하면 예수 믿는 내가 하나님이 없어서 해고당했다고 세상 사람들이 비난할 것으로 생각합니다. 당신의 거룩하신 이름을 위해 저를 지켜 주세요!

며칠 후, 다른 동료가 해고가 결정되었다. 해당 동료는 예상하지 못했는지 억울해 했다. 그러고는 나를 찾아와서는 욕을 퍼부었다.
"한국인 네 놈 때문에 내가 해고를 당했다."
하지만 하나님이 분명한 뜻이 있어 날 이 회사에 남겨 놓으신 거라 생각했다.
다음 해 4월이었다. 그날은 자재과장이 생일이었다. 오전부터 생일 파티가 열렸지만 나는 곧바로 파티 자리에 가진 않았다. 음란한 대화가 오가는 것을 피하고 질퍽한 술자리가 싫었기 때문이다. 그러자 동료들이 자꾸만 불렀다.
"미스터 정, 얼른 와서 생일을 맞은 사람을 위해 축하하며 술도 마시자."
그들은 계속하여 술을 권했지만, 나는 콜라를 마셨다.
사실 술에 있어서 둘째가라면 서러운 것이 나 정승식이지 않은가!
예수님을 믿은 후부터 술을 입에도 대지 않기로 결단하던 터였다. 내가 하나님께 드릴 수 있는 것은 내가 좋아하는 것을 포기하고 그 자리를 성령으로 채우는 것이었다. 하나님과 나와의 약속을 어기고 싶지 않았다.

그들 중 한 명이 나에게 콜라를 건넸다. 하지만 입에 대는 순간 독주 냄새가 났다. 독주가 든 잔이었다. 동료들이 날 놀리려고 콜라 잔에 독주를 부어 마시게 한 것이다. 나는 술로 기분이 고조된 그 자리가 불편했다. 곤드레 만드레가 된 그들 사이에서 마음에 시험을 받는 것도 싫었다. 참다못해 밖으로 나와 잠시 잔디밭에 앉아 있을 때였다.

갑자기 외롭고 고독한 생각이 들면서 마음이 울적해졌다. 나 자신이 초라해지고 꼭 이렇게 힘든 신앙인으로 살아야 하는지 회의감이 일었다.

예수를 믿는 것이 이처럼 어렵고 외로운 것인가?

나는 심한 고독감에 사로잡혀 우울한 기분이 들었다. 그때 내 마음속 깊은 곳에서 찬양이 흘러나왔다.

"참 아름다워라. 주님의 세계는 …"

그 찬송을 부르는 순간, 고독과 외로움은 사라졌다. 그리고 이상하게 새로운 기쁨으로 충만해졌다. 고독 가운데 흘러나온 찬양은 절망을 감사로 전환해 주었다. 내가 찬양을 부르자 곁에 있던 노랑나비는 춤을 추었고 잔디에 있는 꽃은 활짝 웃으며 반겨 주었다. 세상은 이렇듯 아름답게 피어나며 만물을 지으신 하나님을 경배하고 있었다. 부족하지만 내 나름대로 구별되며 신앙을 지키려는 노력을 하나님은 기억하시고 기뻐하신다는 것을 알게 되었다.

시시때때로 변질되는 세상의 가치 속에서 오염되지 않고 방탕한 곳을 피하는 것은 그만큼 외롭고 고독한 삶을 의미한다. 그럼에도 그리스도인으로 경건한 삶에 대한 결단이 필요하다. 세상과 다른 모습으로 살고자 작정하면 하나님은 그 자리를 더 충만한 기쁨으로 채우시기 때문이다. 주님이 나의 외로움을 만져 주시고 위로하심을 믿기에 더 이상 외롭지 않다.

점포 안에 불이 나다

    1984년 4월, KHD 터빈 회사에 사표를 내고 처음으로 자영업을 시작했다. 규모가 작은 독일 식품점을 인수해 개인사업을 하게 된 것이다. 영업 사정은 간신히 꾸려나갈 수 있는 수준이었다.
    개업 후 4개월쯤, 출석하던 교회에서 가을 부흥회가 열렸다. 우리 가정은 예수님을 영접한 후 지금까지 단 한 번도 교회 부흥회나 행사에 불참한 일이 없었다. 이번 부흥회에도 꼭 참석해야 하는데 고민이 되었다. 부흥회에 참석하려면 가게 문을 한 주 동안 닫고 휴업해야 했다. 우리 식품점은 기동력이 없는 노약자들을 위해 필요에 따라 배달도 병행하는 가게였다.
    말하자면 하루도 문을 닫을 수 없는 상황이었다. 하지만 상황에 개의치 않고 부흥회에 가기로 아내와 결단하고 고객들의 양해를 구했다. 역시 고객의 반응은 좋지 않았다. 이 식품점은 내가 인수하기 전에도 비가 오나 눈이 오나 쉬는 일이 없었다고 한다. 그런데 이제는 우리가 돈을 많이 벌어 휴가를 일주일씩이나 떠난다며 다들 노발대발했다.
    그중 몇 명은 협박까지 했다. 만약 우리 마음대로 휴업을 한다면 가게에 찾아올 손님은 한 명도 없을 거라고 으름장을 놓았다. 그럼에도 우리는 마음에 결단한 대로 가게 문 앞에 안내문을 붙이고 부흥 집회에 갔다.

"부득이한 사정으로 한 주 동안 휴업합니다."

이렇게 공지를 하고 떠났다. 그리고 부흥 집회를 다녀온 후 월요일부터 다시 문을 열었다. 그들이 말한 대로 가게에 찾아오는 손님은 아무도 없었다. 우리가 취급하는 식품들은 매일 아침 도매점에서 가져왔고 야채나 빵은 유통 기한이 짧았다. 대부분 오래되면 상품 가치가 떨어지는 식품류였다.

결국, 가져온 물건들을 폐기 처분하는 지경에 이르렀다. 그렇다고 새로운 상품 준비를 하지 않을 수도 없었다. 가끔 찾아오는 사람은 이 가게가 어떻게 유지되나 궁금해하며 상황을 확인하는 손님뿐이었다.

그렇게 장사가 되지 않는 상태에서 3개월이 흘렀다. 이제 남아 있는 식품은 더 이상 팔 수 없게 되었다. 더 큰 문제는 그동안 물건이 팔리지 않아 비용 조달이 안 되어 집세와 물품 지불비 등 갚아야 할 빚이 쌓여가는 것이다. 벼랑 끝에 온 것 같은 절망감과 위기감이 들었다.

나로선 기도 외에는 다른 방법이 없었다. 나는 그때부터 히스기야 왕의 기도를 시작했다. 열왕기하 19장 14-16절에서 히스기야 왕이 하나님 앞에서 기도한 것처럼 무릎을 꿇었다. 그리고 지불해야 하는 모든 영수증을 책상 위에 쭉 늘어놓고 하나님께 두 손을 들었다.

"하나님, 이 영수증들을 한 번 보세요!
나는 더 이상 밀린 빚을 갚을 능력이 없습니다."

피가 끓는 심정으로 열심히 기도했다. 나흘 동안 목숨을 걸고 금식기도를 드렸다. 평소에 단 한 끼만 굶어도 세상이 노랗게 변한 듯 힘들어하는 내가 4일의 금식은 너무 큰 도전이었다. 그럼에도 하나님께 매달렸다. 금식기도가 끝난 그날도 가게엔 개미 새끼 한 마리도 보이지 않았다.

가게에 있다가 점심때 아들을 유치원에서 데려오기 위해 잠시 문을 잠그고 아들을 데려온 후 다시 점포로 돌아왔다.

그런데 이게 무슨 날벼락인가!

막 들어가려고 하니 점포 안에서 새까만 연기가 새어 나오는 것이 보였다. 자세히 보니 점포 안에 불이 활활 타고 있었다. 당황한 내 마음속에서 원망이 불일 듯 솟구쳤다.

"주님, 나흘 동안 죽을 힘을 다해 금식했는데 결과가 이런 겁니까?"

불평하는 마음이 목구멍을 타고 올라왔지만, 문득 원망하면 망한다는 생각이 들었다.

간신히 마음을 안정시키고 다시 기도를 시작했다. 이스라엘 백성은 조금이라도 어려움을 당하면 원망하는 소리를 내었고, 그것이 바로 망하게 했다는 것을 기억했다. 나는 곧바로 태도를 바꾸었다. 즉시 하나님께 감사하며 "나를 불쌍히 여겨달라"고 기도했다.

그리고 곧바로 소방서에 연락을 취했다. 소방차 두 대가 달려와 불은 진압되었다. 하지만 모든 물건이 까맣게 변해서 상품 가치는커녕 손해가 막급했다.

이 상황에 대해 우리 부부는 해결 방법을 찾을 길이 없었다. 독일법도 모르고, 독일어도 어려웠기에 멍하니 3일 동안 넋을 놓고 앉아 있었다. 하지만 작은 실오라기 같은 소망으로 우리가 할 수 없을 때 주님이 일하시리라 믿으며 기다리고 있었다.

3일이 지난 오후 4시 경이었다. 초인종이 울려 문을 열었다. 매주 한 번씩 가게를 방문하는 여자 손님이었다. 양손에 장애를 가진 이 여성은 종종 열두 살 정도의 아들을 데리고 가게에 오곤 했다. 그녀는 가난해서 겨우 사과 하나만 사는 손님이었다. 우리의 상황을 듣고 안타까움에 가게를 찾아와서 위로를 해 주고 싶었다고 한다. 가난했지만 평소 밝고 긍정적이었던 그녀는, 이날도 우리 부부의 아픔을 공감해 주었다.

잠시 후 우리 부부를 지그시 바라보더니 물었다.

"이렇게 불이 났는데 사고 처리는 잘 되었는지요?"

"아니요. 우리는 어떻게 해야 할지 방법을 잘 모르겠네요!"

그러자 그녀는 다시 물었다.

"보험은 있나요?"

"나는 잘 모르겠어요."

"당신 집의 모든 서류를 확인해도 괜찮을까요?"

나는 가게를 인수할 때 받은 모든 서류를 그 여성에게 내주었다. 그녀는 한참 동안 문서들을 살피고 찾았다. 그러더니 서류 한 장을 꺼내 들었다.

"혹시 이 서류가 도움이 될지 모르겠지만, 내가 편지 한 장을 써서 줄테니 보험사에 보내세요!"

그 여성은 양쪽 손가락이 하나도 없는 장애인이다. 하지만 초인적인 힘으로 펜을 입에 물고 글을 쓰기 시작했다. 그런 장애의 손으로 오랜 시간에 걸쳐 편지를 완성했지만, 글씨가 온전하지 못했다. 결국, 타자를 하는 사람을 찾아가 그 편지를 완성하자 밤 10시가 넘었다. 장애 여성은 나에게 편지를 건네며 말했다.

"지금 바로 보험사에 보내세요!

프랑크푸르트 중앙역은 24시간 우체국 영업을 합니다."

나는 작은 기대를 품고 곧바로 우체국으로 달려가 편지를 발송했다. 그로부터 3일이 지난 후였다. 50대로 보이는 중년 남성이 가게로 찾아왔다. 보험사 직원이라는 그분은 모든 사실 여부를 확인하고 사고 처리에 관해 우리에게 상세히 설명해 주었다. 그는 우리에게 물었다.

"혹시 주변에 아는 독일 사람이 있습니까?"

"네, 있습니다."

그분은 고개를 끄덕이며 제품의 손상 여부를 확인한 후 서류를 건네주었다. 그러고는 모든 물품을 낱낱이 기록해 보험사에 보내라고 했다.

그날부터 우리는 밤을 지새우며 불에 탄 물품을 빠짐없이 기록해 보험사에 보냈다. 일주일 후 그분이 다시 찾아와 서류를 확인한 후 물었다.

"이것 외에 더 추가할 것은 없습니까?"

"네, 우리는 있는 대로 다 기록했습니다."

그는 무엇인가 골똘히 생각하더니 입을 열었다.

"아, 당신들이 입었던 작업복도 추가하고 다른 것도 더 있을 테니 내가 알아서 올리겠습니다."

그렇게 해서 기존 보상액보다 2,500마르크를 더 추가해 받게 해 주었다. 우리가 생각했던 것보다 훨씬 더 많은 액수를 받을 수 있었다.

하나님은 손가락이 없는 불구의 연약한 여성을 보내셔서 우리를 도우셨다. 글씨쓰기가 힘들어 입을 사용한 그 여인은 분명 하나님이 보내신 사람이었다. 우리가 실의에 빠져 있을 때 천사를 보내어 편지를 써가며 도왔던 여인의 행적은 우연이 아니었다. 모든 과정이 기적이었다.

누가 이러한 일들을 운이 좋아서 잘된 일이라 말할 수 있겠는가?

하나님은 우리의 작은 신음에도 귀 기울이시고 응답하시는 분이시다. 비록 우리가 단순한 마음으로 주님을 더 잘 따르겠다는 뜻으로 식품점까지 휴업하고 부흥회에 참석했다. 하지만 하나님은 그 모든 것 속에 그분을 향한 마음의 순결한 중심을 헤아려 주신 것이다.

어쩌면 사람이 보기에 지혜롭지 못한 처사였다 할지라도 하나님을 향한 마음으로 그분은 흡족하게 받으신 듯싶다. 무모함으로 상점을 닫아 다른 이들을 불편하게 했지만, 그 열심은 하나님을 위한 것이었다.

마음을 헤아리시는 하나님께서 우리의 역경을 선으로 바꾸어주셨다. 로마서 8장 28절의 말씀이 떠올랐다.

> 하나님을 사랑하는 자 그 뜻대로 부르심을 입은 자들에게는 모든 것이 합력해 선을 이루느니라 (롬 8:28).

우리는 예수님을 더 사랑하고 충성한다는 뜻에서 식품점까지 닫아가며 부흥회에 참석했다. 그리고 낭떠러지 아래로 떨어지는 상황까지 갔다.

하지만 하나님은 그 절벽에서 다시 손을 잡아주시고 불평하는 입을 막으시고 전적으로 보상해 주셨다.

더 어려운 고난은 시작되고

인생들이여, 당신들에게 주어진 삶을 즐거워하면서
세월을 허송하지 말고 세월에 충성하면서 감사할 줄 알고,
이웃과 비교하지 않고 내게 주어진 모든 것을
나의 분복으로 받아들일 줄 아는 사람은
그 어떤 것에도 패하거나 실망할 수 없습니다.

세상에서 사는 동안에는
기쁜 일도 있고, 슬픈 일도 닥쳐오는 것이랍니다.
그러나 이 모든 것은 다 영원하지 않고 순간순간
지나가는 것이기에,
그런 것에 자기를 맡기지 말고 기회가 올 때는
재빠르게 기회를 포착해서
자신의 인생을 더 값지게 더 빛난 것으로 살기를 노력합시다.

사람은 누구나 자기 행위로 심은
씨앗의 열매를 따 먹어야 할 때가 온다는 사실을 알아야 합니다.
깨끗하고 진실함으로 인생을 심은 사람은

아름답고 빛난 것으로,
불의한 것으로 뿌린 사람은 슬픔과 쓰디쓴 것으로
고통하며 아픔을 당할 날이 옵니다.

그러므로 사람들이여!
우리의 삶을 감찰하시는 분이 계심을 알고
곤고한 날이 이르기 전에 창조주를 깊이 생각합시다.

식품 가게는 화재와 함께 자연스럽게 정리가 되었다. 이후 주변에서 식당업이 좋겠다는 권유를 받고, 보험사에서 보상받은 돈으로 준비를 시작했다. 하지만 약 12만 마르크의 돈이 더 필요했다. 나는 용기를 내어 은행에서 집을 담보로 잡고 사업 자금을 대출받았다. 제법 규모가 있는 큰 식당이었다. 150석 정도 되는 중국 식당이었다.

처음에 중국 요리사와 중국인을 종업원으로 두고 경영을 시작했다. 사업에 대한 경력도 부족한데 위험한 모험을 강행한 것이다. 막상 식당을 인수하고 보니 생각지도 못한 문제에 봉착했다. 바로 주일에 영업하는 것이다. 사실 식당업은 주일 장사가 큰 수입이 된다. 여러 손님의 의견을 종합해 보면, 주일에 장사하지 않으면 식당 사업을 유지하기 힘들다는 것이다.

또한, 요리사도 주일에 쉬는 것을 절대 반대했다. 하지만 주일성수에 대한 나의 마음은 변함이 없었다. 사실 내심 염려가 되어 하나님께 약속 비슷한 것을 했다. 딱 1년만 주일 장사를 하고 그 후에는 하지 않기로 하나님께 의뢰했다. 1년이 지나서 하나님과 약속한 대로 주일에 영업하지 않았다.

하지만 주일에 문을 닫기 시작한 후부터 사업이 점점 어려워지기 시작했다. 주일에 오던 손님들이 막상 문을 닫으니, 이제는 평일에도 오지 않는 것이다. 한 달쯤 지나 어떤 가정이 찾아와서 나에게 이렇게 항의했다.

> 일요일에 온 가족이 식당에 모여 밥을 먹으면서 즐거운 시간을 갖는 곳이 음식점인데, 이건 손님을 위해서가 아닌 당신 멋대로 장사하는 것입니다. 제 생각엔 다시 주일 영업을 하면 좋겠습니다.

그 말이 내 마음을 요동치게 했다. 사실 나 역시 주일 장사를 하고 싶은 마음이 굴뚝같았다. 하지만 하나님과의 약속이고 주일성수는 성경적이기 때문에 지키는 것이 나의 신앙 원칙이었다. 설사 사업이 망한다 해도 그 약속을 저버릴 순 없었다.

하지만 식당 상황은 점점 더 어려워졌다. 그 무렵 같은 건물 안에 있는 한국 회사 직원들도 불평하기는 마찬가지였다. 그 직원들은 이미 이렇게 된 상황에서 한식을 같이 하라는 조언도 했다.

나 또한 그 생각에 동의해 한식과 중식을 같이 하기로 하고 한국 음식 요리사를 구하게 되었다. 한식 요리사는 자기는 중식과 한식 요리를 다 할 수 있다고 큰소리를 쳤다. 그리고 이 사업을 6개월 이내에 회복하겠다고 호언장담했다. 하지만 6개월이 지나면서 식당 상황은 더 심각해졌다.

더이상 한국인 요리사를 데리고 영업할 수가 없어 그를 해고했다. 다른 요리사를 뽑아도 상황은 나아지지 않았다. 하나같이 음식을 제대로 하지 못하면서 월급 타령만 했다. 일이 조금만 힘들어도 불평을 늘어놓았다. 더는 이런 요리사들과 함께할 수 없어 내보낼 수밖에 없었다.

결국, 내가 직접 요리를 시작했다. 이전에 중국인이 식당을 넘겨주면서 해 준 말이 생각났다. 그는 식당을 운영하려면 주인이 어느 정도는 조리할 줄 알아야 요리사들을 관리할 수 있다고 조언했었다. 그는 요리에 대해서도 상세히 설명을 해 주었다.

나는 중국인에게 들은 말을 되새기며 주방에서 요리하기 시작했다. 어떤 손님은 내가 만든 음식이 더 맛이 좋았다고 칭찬하기도 했지만, 불평하는 손님도 있었다.

그렇게 음식 맛이 들쭉날쭉하며 식당업을 한 지 5년이 흘러갔다. 그 사이 얼마나 신경을 썼는지 머리카락은 다 빠지고 대머리가 되었다. 고통과 번민으로 지내다 보니 스트레스성 탈모가 생긴 것이다. 부실한 장사로 밀린 세금과 종업원 월급, 집세 등 모든 것이 최악이었다.

식당 영업을 하는 동안 아이들을 만날 시간도 없었다. 오후 두세 시간 쉬는 동안 아이들을 만나기 위해 집으로 향하곤 했다. 교통체증이 심한 시내 도로를 통해 집에 와 아이들과 짧은 시간을 보내고 다시 식당으로 돌아갔다.

식당으로 돌아오는 길은 너무나 피곤했다. 신호 대기 때 초록 불이 떨어진 상태에서 잠이 들 때도 있었다. 내가 출발하지 않자, 뒤에서 기다리던 차들이 경적으로 잠을 깨워 준 적도 있었다. 위험천만한 일이었다. 그런 중에도 한 번도 사고 없이 지켜 주신 하나님께 감사드린다.

이렇게 신경을 썼다간 오래 살지 못할 것 같았다. 곰곰이 내 삶을 생각하던 중 가족을 위해 생명 보험을 들기로 했다. 혹여 나에게 불길한 사고가 나더라도 가족에게 경제적으로 조금이나마 도움이 되도록 말이다. 약 15만 마르크의 보상을 받을 수 있는 비교적 금액이 적은 생명 보험에 가입했다.

하지만 가입 후 3개월이 지나 더 보험금 납부를 못 했다. 그래서 보험도 무효가 되고 그동안 낸 금액도 돌려받지 못했다.

그 무렵 돈이 없어 밀린 세금 2천 마르크에 대한 납부 시한이 2주가 지났다. 급기야 국세청에서 독촉장이 날아왔다. 이틀 안에 갚지 못하면 모든 금전 거래처가 정지된다는 것이다.

이 무렵 나는 교회 재정 담당자로 공동으로 이름이 등록되어 있었다. 그래서 혹시 나 때문에 국세청으로부터 교회 계좌의 금전 출납이 정지당할 위험이 있을지 노심초사했다. 자금 마련을 위해 급하게 하나님께 기도하는 중 마음에 떠오른 사람이 있었다.

하나님께서 그 사람에게 가라는 마음을 주셨다. 그런데 그 사람은 나와 친한 관계가 아니었다. 돈을 빌려 달라는 말을 할 만한 사이가 아니었다. 쉬이 용기가 나지 않았다. 결국, 하나님께 지시받은 사람에게 가지 않고 나와 같이 독일에 온, 가장 친하게 지내던 파독 광부 친구에게 전화를 걸었다.

"나에게 돈 2천 마르크를 잠깐 빌려줄 수 있는가?"

그러자 그 친구는 여러 가지 변명을 늘어놓았다. 그의 마음을 바로 알아차리고 말했다.

"안 되면 안 된다고 말하고, 그렇게 어려운 변명은 안 해도 돼."

그러자 그때야 그 친구는 "미안하지만 안 되겠다"고 어렵사리 말을 꺼냈다. 할 수 없이 또 다른 친구에게도 혹시 2천 마르크를 빌릴 수 있는지 물었다. 그러자 그 친구가 대뜸 이렇게 말했다.

"자네는 하나님을 믿는 사람인데, 그 하나님이 2천 마르크 돈도 안 도와주나?"

나를 향해 정면으로 면박을 주었다.

"아, 자네 말이 옳네, 내가 하나님을 미처 생각을 못 했군."

그렇게 말을 하고 다시 기도했다. 그런 후 하나님께 처음에 지시를 받은 사람을 찾아가 어렵게 말을 꺼냈다. 그 사람은 기다렸다는 듯이 곧바로 돈을 내주면서 친절히 말했다.

"천천히 갚아도 됩니다."

하나님은 이 사람을 통해 응답하셨다. 기도로 응답받고도 내 생각과 다르다고 내 주장대로 하다가 부끄러움만 당한 셈이다. 그런데도 하나님의 은혜로 알고 나를 도와준 사람이나, 돈을 빌려주지 않으려고 온갖 핑계를 댔던 사람 모두에게 감사했다. 그들을 통해 하나님의 귀하신 목소리를 깨닫게 하셨다. 2주 후에는 약속대로 2천 마르크를 다시 갚을 수 있었다.

교회 성도에 대한 원망

사람이 바보라 해도 행복해
예수 믿는 내 마음
사람이 돌았다 해도 행복해
주님 사랑하는 마음.

까닭 없이 미워해도 감사해
주 은혜 더 좋아
그렇게 믿으면 망한다고 말해도 감사해
오직 승리는 주님께서 이뤄 주시리.

바보처럼 믿는다고 조롱해도 감사해
뭐라 놀려도 괜찮아
까닭 없이 미워해도 사랑하리.

예수 사랑으로 변치 말자 나의 믿음
예수님 사랑으로 살자.

그해 12월 초순, 무척 추운 날이었다. 평상시에도 늘 기도는 했지만, 이날은 실적 부진으로 여러 거래처에 밀린 빚을 어떻게 해야 할지 너무나 막막했다. 점심 장사를 끝내고 식당 경영비를 줄이기 위해 스팀을 모두 껐다. 그러자 식당 안은 얼음장처럼 추웠다. 몸을 움츠려 벌벌 떨면서 3시간을 기도했다. 그렇게 기도하고 나니 마음에 확신이 생겼다. 나도 모르게 더 많은 재료를 준비했다.

오늘은 왠지 손님이 많이 올 것 같아서였다. 드디어 식당 문을 열었다. 첫 손님 한 분이 와서 가장 저렴한 메뉴로 식사를 하고 떠난 다음에는 들어오는 손님이 없었다. 최악의 매상이었다. 마음에서 말할 수 없는 불안과 원망이 치밀어 올랐다. 그리고 두려운 마음이 옥죄어 왔다.

전심을 다해 몸이 얼어가면서 그토록 기도했는데 이럴 수가 있을까!

불평과 원망이 불일 듯 일어났지만 입술을 깨물고 입 밖으로 내지 않고 참았다.

식당업이 어려워지니, 그동안 겪었던 지난 일들이 주마등처럼 스쳐 지나갔다. 식당 사업 5년 동안에 우리 교회 교인 중 식당을 찾아와서 도움을 주거나 격려해 주는 사람이 없었다. 내 마음에 교회에 대해서 불신과 시험이 생기기 시작했다. 예수 안에 같은 형제라고 하면서 어쩌면 이렇게 다 무심할 수가 있는지 섭섭한 마음이 들었다.

'모두 소용없어!

모두 다 말뿐이야, 사랑한다는 말도 다 거짓이야.

어떻게 이런 것이 사랑이란 말인가?'

교회에 출석하면서 신앙이 좋고 열심히 섬기는 중직자나 성도가 있다. 그들이 같은 교회 다니는 이들의 사업장에 한 번쯤 찾아와 기도하고 격려해 준다면 오랫동안 감사하는 마음을 품을 것이다. 그러나 나에겐 그런

위로와 격려를 해 주는 이는 한 명도 없었다.

간혹 한두 명 정도 찾아오는 이는 교회에서는 별로 신앙으로 인정받지 못한 사람들이었다. 그들은 힘이 되어 주었고 가끔 많은 손님을 모시고 와 식당에 도움을 주고 위로해 주었다. 이 경험을 통해 성도들과 이웃과의 교제가 어떤 것이며, 진정한 성도의 교제가 무엇인지 묵상할 수 있었다. 같은 교인이면서 이렇듯 무관심하게 지낼 수 있을지 의구심도 들었다.

성도의 교제는 교회 예배뿐만 아니라 실질적 삶에서도 나눔과 교제가 이뤄져야 한다. 성도 중 어려움을 당하는 형제가 있으면 찾아가 격려해 주고 위로하는 것보다 더 좋은 것은 없다. 그리고 기도해 줄 수 있다면 그보다 더 큰 위로는 없을 것이다.

하지만 교회에 대한 불만이 터지자, 마음속에 번뜩 일어나는 생각이 있었다. 난 그동안 사람을 너무 의지하고 있음을 깨닫게 된 것이다.

다시 하나님께 회개하고 마음을 굳게 했다. 우리는 조금만 힘들면 사람을 의지하려는 마음 때문에 시험에 빠지게 된다. 기대가 많으면 실망이 큰 것처럼 말이다.

그날은 밤 11시가 넘어서까지 겨우 한 사람의 손님으로 마감되었다. 씁쓸한 마음이었지만 그런데도 하나님께 감사의 기도를 드렸다. 여러 가지 시험으로 견디기 힘들 때는 하나님께 반항도 했다. 하지만 주님은 우리 불평에는 그저 침묵하신다는 것도 알게 되었다. 때로 너무 힘들면 원망스러운 기도로 이렇게 말하기도 했다.

"내게 이런 고난이 주님께 즐거움이 되신다면 원대로 해 보십시오."

더 힘들 때면 떼를 썼다.

"나를 빨리 데려가십시오."

하지만 그때마다 아무런 반응이 없다.

밀린 빚은 산더미 같이 쌓였고 해결할 능력은 전혀 없어죽고 싶은 생각뿐이었다. 더 살고 싶은 마음이 없어진다. 이제 더 사업을 유지해 나갈 수 있는 능력에도 한계가 왔다.

식당을 그만하기로 했을 때 어떤 사람이 찾아왔다.

"저는 식당은 하고 싶지만, 돈이 없어서 식당업을 못 합니다."

그는 우리 식당을 넘겨주기를 바랐다. 그래서 그 사람에게 집세나 내고 한 번 경험을 해보라고 말하며 식당을 위임했다. 나는 이 식당 사업에서 돈 한 푼 제대로 챙기지 못했다.

이후 내내 마음이 힘들어 하나님께 다음과 같이 기도했다.

> 하나님, 왜 저를 돕지 않으십니까?
> 하나님 이곳 프랑크푸르트 근처에 나를 아는 사람들이 나를 향해 조롱하는 말이 있습니다. 내가 예수를 영접한 날부터 사람들이 이렇게 말한 것을 기억하십시오. "정승식이 예수를 믿으면 잘 되나 두고 보자"라고 합니다. 저들의 말을 기억하셔서 이 어려움 때문에 조롱거리가 되지 않게 해 주세요. 저들은 나를 비웃고 하나님을 무시하게 될 것입니다. 이것은 주님의 영광을 가리는 것입니다.
> 주님, 아무리 어려움이 많고 힘들어도 우리 가정을 안전하게 보호하시고 주님의 능력과 사랑으로 가정이 흔들리지 않게 지켜 주십시오.

당시 많은 경우 남편의 사업이 망하면 이혼하는 부부가 많았다. 남편의 밀린 부채를 부인이 같이 책임져야 하기 때문이다. 영리한 부인들이 선택하는 것은 이혼이었다. 실제 파산 문제로 여러 가정이 이혼해 독일 사회에 큰 문제가 되기도 했다. 지금은 법이 개정되어 남편이든 부인이든 파산하면 당사자만 책임을 지도록 하고 있다.

　하지만 아내는 내가 어려움을 당할 때도 나의 편에서 최대한 밀려 있는 빚을 갚는데 최선을 다했다. 아이들도 합세해 신문 배달을 해 힘을 모았다. 힘들었지만 오히려 행복한 시간이었다.

　사업이 파산하고 나서 교인들은 위로와 격려해 주기보다는 오히려 마음을 아프게 하는 말로 힘들게 했다. 하지만 어려움 하나하나가 주님의 큰 섭리 안에 행해진 것이라고 깨닫게 되었다. 그것은 어떤 것으로 보상 받을 수 없는 더 큰 감사의 경험이었다. 또한, 다른 사람들의 위로나 격려를 바라는 것은 나의 인간적인 생각이었음을 깨닫게 해 주셨다.

　사람들의 시선이 나를 멸시하는 것 같다는 생각에 사람들과 교제하는 것 자체가 싫었다. 그래서 때로 교회 생활이 힘들었던 것도 사실이다. 가진 게 없으니 목사님도 나를 무시하는 것처럼 보였다. 이런 사건들을 통해 사람은 의지할 대상이 아님을 깨달았다. 오직 의지의 대상은 하나님 한 분밖에 없음을 알게 해 주셨다.

　부채 관계의 편지는 모두 법원을 통해 오게 되어 있었다. 당시 편지함을 열기가 두려웠다. 제때 처리되었어야 할 부채를 청산하지 못해 모든 서류는 법원을 통해 날아왔다. 편지 한 통 한 통의 문제를 해결하기 위해서는 여러 법원을 찾아가야 한다. 법원에 갈 때마다 하나님께 간절히 기도하면 두려움에 방패가 되었다. 그렇게 기도하고 가면 신기하게도 법원 사람들이 친절하게 나를 대해 주고 위로와 격려를 해 주었다.

　원래 법원 직원들은 채무자들을 엄격히 다루는 곳인데 어떻게 이토록 배려할 수 있을까?

　이것은 분명 하나님의 은혜요 도우시는 능력이다.

놀며 행운만을 기다리지 말라

나는 일시적으로 실패한 상태였다. 하지만 자포자기하며 그저 멍하니 때를 기다리지는 말아야 한다고 생각했다.

창세기 3장 19절에는 이런 말씀이 있다.

> … 네가 얼굴에 땀이 흘러야 식물을 먹을 것이다 …(창 3:19).

그 말씀을 생각하며 늘 부지런히 살아왔다. 어려운 상황이라고 집에 앉아 기다리는 것은 하나님이 기뻐하지 않으시리라 생각했다. 이렇게 마음을 먹으니 어떤 어려운 일도 감내하겠다는 각오가 생겼다. 하나님이 허락하시면 어떤 직장에서라도 일할 수 있다고 다짐했다. 하나님께서 나를 낮추시면 내가 굳이 좋은 길만 택할 필요가 없으리라 생각했다. 기꺼이 어떤 힘든 일이라도 하기로 뜻을 정했다.

마음을 굳게 먹고 여러 회사에 입사 지원서를 냈다, 그러나 괜찮은 회사에서는 거절당하고 좀 힘든 일을 하는 '네르크만'에서 접수해 주었다. 인사과장이 나를 따로 불러내어 말했다.

"당신은 사업을 하던 사람인데 여기서 힘든 일을 할 수 있겠습니까?"

"네, 해 보겠습니다."

"만약 당신이 힘들어서 못 할 때 언제든지 그만두어도 됩니다."

이 회사에서 일하는 사람들은 대부분 유고슬라비아인, 알바니아인, 모로코인이었다. 대부분 동유럽에서 건너온 외국인으로, 교육을 받지 못한 사람들이었다.

하지만 난 이곳의 모든 상황도 감사하게 받아들였다. 공장에서 제품이 들어오면 그 제품을 엘리베이터에 실어 3층까지 올려 주는 것이 내가 맡은 일이었다. 3층은 가죽 제품을 손질하고 다루는 곳이다. 가죽 제품은 다른 피복보다 몇 배나 더 무거웠다.

그래서 이 업무는 누구도 맡고 싶어 하지 않았다. 늘 힘들게 가죽 제품을 실어 엘리베이터로 옮겼다. 3층까지 올라가는 시간은 약 3-4분 정도 소요된다. 몇 분 동안 엘리베이터 안에서 큰 소리로 찬송을 부른다. 그 시간이면 찬송 한 곡을 부를 수 있었다. 여기서 내가 가장 많이 불렀던 것은 <예수는 나의 힘이요>라는 찬양이었다. 그토록 힘든 일을 해야 하는 나에게 찬양은 모든 수치와 고난을 인내하고 감사하게 하는 조건이 되었다.

준비해 온 점심은 딱딱한 보리빵에 살짝 바른 쨈이 전부였다. 영양가가 있는 것은 비싸서 살 형편이 안 되어 빵 한 쪽으로 허기를 채웠다. 점심 식사 시간에는 지하 탈의실에 내려가 혼자 시멘트 바닥에 앉아 먹었다. 점심을 먹는 와중에 성경을 보는 것이 유일한 행복이었다. 성경 말씀은 살아서 나를 움직이고 있었고 나의 마음에 새로운 에너지를 만들어 주었다.

그러던 어느 날이었다. 독일 청년 두 사람이 지하 탈의실에서 점심을 먹고 있는 나를 찾아와 이렇게 말했다.

"듣자 하니 당신은 그리스도인으로서 성경을 많이 읽는다는 말을 들었습니다. 원한다면 우리와 함께 예배당에서 예배도 드리고 성경공부도 할 수 있습니다."

나는 그들에게 먼저 감사한 말씀이라고 정중히 답했다. 그들은 분명 좋은 사람들이었다.

아무도 나의 이런 사정을 알지 못했는데 어떻게 그들이 알고 여기까지 찾아왔을까?

혹시 천사가 알려준 것일까?

나는 반갑고, 감사했지만 속으로 잠시 묵상을 한 후 청년들에게 말했다.

"감사합니다. 그러나 지금 저에게 필요한 것은 주님과 조용히 교제하는 시간입니다."

그들은 내 말을 가만히 듣더니 고개를 끄덕이고 돌아갔다. 조용히 하나님을 묵상하는 나를 누군가가 바라보는 것 자체가 하나님을 알리는 기회인 것 같다. 고된 근무로 몸은 지쳐갔지만 늘 하나님께 기도만 드렸다.

> 여호와 하나님!
> 나를 불쌍히 여기시는 마음으로 돌아보시고 자비를 베풀어 주소서. 나는 아무도 의지할 사람이 없고 누구에게도 나의 어려운 사정을 말할 사람도 없습니다. 나를 둘러싼 책임감과 나에게 주어진 이 난관을 어떻게 해결해야 할지 모르겠습니다.

태산같이 쌓여 있는 문제에 대한 두려움과 걱정이 내 삶을 지배하고 있었다. 나의 부족함으로 온 가족이 고난을 겪는 것 같아 마음이 안타까웠다. 언제나 할 수 있는 것은 기도밖에 없었다. 하나님께서 들어주시든지 안 들어주시든지 오직 하나님만 바라볼 수밖에 없었다. 사람에게 어려운 사정을 말하면 겉으로는 호의적이었지만 내심 동정과 멸시가 느껴졌다.

이렇게 며칠 동안 근무하면서 계속 기도하던 중 하나님께서 말씀을 주셨다.

> 두려워 말라. 내가 너와 함께 함이라. 놀라지 말라 나는 네 하나님이 됨이니라. 내가 너를 굳세게 하리라. 참으로 너를 도와주리라. 참으로 나의 의로운 오른손으로 너를 붙들리라(사 41:10).

이 말씀이 기도 응답으로 여겨져 하나님께 감사 기도를 드렸다. 상황이 달라진 것은 없었다. 하지만 하나님께서 내게 주신 약속이라는 것을 믿고 모든 것을 그분께 맡기고 기도와 감사로 화답했다.

그 무렵 아내는 장모님이 소천하셔서 장례식 일로 한국을 다녀오게 되었다. 오는 길에 친척에게 선물로 받았다며 포장지에 싼 것을 내밀었다. 포장지 안에 무엇이 들어 있을지 궁금했다. 풀어보니 작은 목판에 쓰인 성구가 들어 있었다. 말씀을 읽는 순간 숨이 멎는 것 같았다. 내가 그토록 묵상했던 말씀인 이사야 41장 10절 이었다.

그 문구를 읽어내려가면서 하나님이 다시 한번 내게 확인해 주시는 것 같았다. 하나님은 다시 강하게 세워 주셨고 그 말씀은 지금도 어려운 문제가 생길 때마다 감당할 수 있는 동력이 되었다.

이 말씀을 받은 후 얼마 후에 우리 부부의 마음에 기적이 일어났다. 환경은 달라지지 않았지만, 아내와 나는 마음이 벅차올라 덩실덩실 춤을 추었다. 경험하지 않은 사람은 쉽게 이해할 수 없는 기적이었다. 충만한 기쁨이 우리 가족을 사로잡았다. 이건 말로는 설명이 되지 않는다.

사도 바울이 결박된 몸으로 아그립바 왕 앞에서 하는 말이 다가왔다.

> 바울이 이르되 말이 적으나 많으나 당신뿐만 아니라 오늘 내 말을 듣는 모든 사람도 다 이렇게 결박된 것 외에는 다 나와 같이 되기를 하나님께 원하나이다
> (행 26:29).

상황만 보면 분명히 우리는 슬픔으로 고민에 빠져야 맞다. 하지만 환경은 변한 게 없는데 근심과 걱정보다는 기쁨이 충만했다. 우리 부부는 서로 바라보면서 이것이야말로 기적이라고 말했다.

"혹시 우리 미친 건 아니겠지?"

우리 부부는 서로의 얼굴을 쳐다보면서 기뻐했다. 부모가 기뻐하니 아이들까지 즐거워하며 가정에 웃음꽃이 피었다. 사실 아이들에겐 참 미안하다. 과자를 사줄 수 없어서 밀가루에 설탕만 넣고 꽈배기를 만들어 기름에 튀겨주는 것이 전부였다. 그래도 우리 가정은 천국이었다. 비록 가진 것은 없어도 돈으로 살 수 없는 기쁨과 행복이 넘쳤다. 이해하기 어려운 기적이었다.

들판을 산책하다 밭둑에서 자라난 유채화가 파릇파릇 자라나는 것을 보고 그것을 뽑아 반찬으로 무쳐서 먹고 국을 끓였다. 그야말로 밥도둑으로 꿀맛이었다. 아이들과 함께 가서 뜯어올 때 아이들은 혹시라도 친구들이 볼까봐 부끄러워했다. 그럴 때마다 아버지로서 조금 미안했다. 월급날인데도 은행 계좌에서 이미 마이너스가 되어 생활비는 바닥일 때였다.

그런데도 감사했고 찬양했다. 외양간에 소가 없어도 주 여호와로 말미암아 기뻐 춤추던 시간이었다.

제7장

축복과 은혜로 행복한 삶

———

2022년 11월 27일, 큰아들의 장로 임직식이 있었다.
그동안 하나님은 자녀들을 통해 믿음의 본을 보이셨고,
하나님의 행함을 나타내셨다. 나는 그 어느 때보다 아들이
하나님의 일꾼인 장로로 임직하게 되어 하나님께 영광을 돌렸다.

김치죽의 추억

내 영혼이 은총 입어 중한 죄 짐 벗고 보니
슬픔 많은 이 세상도 천국으로 화하도다
주의 얼굴 뵙기 전에 멀리 뵈던 하늘나라
내 맘 속에 이뤄지니 날로날로 가깝도다.
높은 산이 거친 들이 초막이나 궁궐이나
내 주 예수 모신 곳이 그 어디나 하늘나라
주 예수와 동행하니 그 어디나 하늘나라.

주님이 함께하시니 어느 곳이나 천국 같은 삶을 실제로 체험하게 되었다. 주께서 함께하시면 돈이 있고 없는 것이 문제가 되지 않는다. 주님 없는 삶은 좋은 것도 좋은 줄 모른다. 게다가 감사할 조건임에도 감사할 줄 모르는 것이 세상 영으로 사는 사람들의 실상이다.

언젠가 교회 남전도회 모임을 우리 집에서 해달라는 부탁이 왔다. 통상 남전도회 모임을 하면 음식을 대접해야 한다. 하지만 우리는 가진 게 없었다. 성도들을 음식으로 섬기고 싶은 마음은 굴뚝 같았지만, 형편이 안 되어 고민이 생겼다. 그때 어느 성도로부터 돼지고기 3킬로그램을 선물 받았다. 그래서 남전도회 모임을 생각하고 들판에서 모아온 유채와 나물로 네 가지 반찬을 준비했다. 돼지고기와 유채 나물 반찬 외에는 다른 것이 없었다. 그런데도 모두 맛있게 먹었다고 칭찬이 자자했다. 오병이어의 은혜였다.

당시 우리에게는 여전히 채무 문제가 남아 있었다. 법원에서 독촉장이 날아왔다. 모든 계산서는 법원을 통해 오기에 직접 법원으로 찾아가 해결을 받아야 했다.

독일에서 직장을 다니던 처제가 한인 유학생과 결혼해 귀여운 딸을 낳았다. 처제가 회사에 출근해야 하기에 갓난아이를 우리가 돌봐 주는 대신 매주 돈을 조금씩 받아서 생활비로 충당하고 있었다. 당시 아내는 병원 간호사로 근무했기에, 나는 어쩔 수 없이 처제가 맡긴 아기를 안고 법원에 가야 했다. 다행히 법원 직원들이 언제나 호의적으로 대해주었다.

아내는 간호사로 열심히 일을 했지만, 받은 월급은 모두 빚을 갚는 데 사용했다. 아내는 주말에도 밤 근무를 했다. 밤 근무에 주말이 겹치면 돈을 더 많이 받을 수 있기 때문이다. 아내가 퇴근하고 오전에 잠을 자야 하므로 내가 점심을 준비한다.

부엌에는 약간의 쌀과 김치가 남아 있었다. 한 사람 먹기에도 부족한 양이었다. 나는 궁리 끝에 조금씩 남아 있는 쌀과 김치통을 물에 씻어서 국물을 만들고 밀가루 수제비를 만들었다. 수제비를 덜어 주면서 아이들에게 말했다.

"이런 음식은 부자들이 벤츠 타고 다니면서 별식으로 먹는 거란다."

그렇게 변명 아닌 변명을 늘어놓으면서 우리는 맛있게 점심을 먹었다.

세월이 지난 지금, 아들은 그때의 추억을 이야기한다. 그때 먹었던 김치죽을 다시 해 달라고 하며 즐겁게 웃곤 한다.

아이들에게 가장 미안했던 것은 아이들의 옷이다. 우리는 돈이 없어 다른 사람에게 물려받거나, 저렴하게 파는 매장에서 사다 입혔다. 하나님께 드리는 헌금을 조금만 줄여도 아이들이 원하는 옷을 한 번 정도는 사줄 수 있을지 모른다. 하지만 마땅히 하나님께 드려야 할 헌금을 줄이면서까지 아이들에게 옷을 사 주는 것은 신앙 양심이 허락지 않았다.

주께 드릴 헌금은 개인을 위해 사용하지 않기로 뜻을 정했다. 궁색하여도 하나님께 드릴 것은 최선을 다해 드리기로 했다. 우리의 모든 것을 아시고 보고 계시는 하나님께 물질 문제를 의탁하고 살기로 했다. 언젠가는 주님께서 우리의 모든 사정을 아시고 보상하실 거라는 믿음을 가지고 헌금을 도둑질하지 않았다.

나는 모든 신앙인이 헌금에 잘 알아야 한다고 생각한다. 십일조를 내는 신자가 적은 교회는 부흥도, 성장도 기대하지 말아야 한다. 십일조를 하는 성도가 적거나 없다면 메시지에 생명력이 없다는 것을 인정해야 할 것이다.

성도 스스로 구원의 확신과 하나님의 의로운 백성이라고 생각한다면 헌금에 인색할 수가 없다. 하나님은 성도들이 감사함으로 기꺼이 드리는 물질을 통해 역사하시고 교회와 성도들을 축복하신다.

성경은 이렇게 명하셨다.

> 오직 너희를 위하여 보물을 하늘에 쌓아 두라 …(마 6:20).

서양 교회는 십일조를 하는 성도가 극히 적다. 국가가 세금을 내게 해서 교회 운영과 목사 사례비를 지급하기에 십일조 개념을 말살해 버렸다. 혹여 이것이 사단의 전략이 아닌지 생각해 보게 된다. 그래서 서양 교회가 서서히 사라지고 있는 것은 아닌지 생각이 들 때도 있다.

언젠가 독일에서 서민들이 많이 이용하는 알디(Aldi) 매장에서 할인하는 티셔츠를 사서 아이들에게 입혔다. 아이들은 그 옷을 며칠 동안 잘 입고 다녔다. 그런데 얼마 후 티셔츠가 방바닥에 늘어져 있는 것을 몇 번 보았다. 애들에게 왜 입지 않는지 물었다. 아이들은 말을 하지 않았다.

"혹시 너희들 알디에서 산 티셔츠라서 입지 않는 거니?"

그때 둘째 아들이 대답했다.

"네, 친구들이 우리를 놀려요."

아들 말을 듣고 난 마음이 미안해지고 아파졌다. 그해 겨울에는 지독하게 눈이 많이 내렸다. 나는 구두 하나를 여러 해 동안 신고 다녔기 때문에 밑창이 다 닳아 버렸다. 그런데 매일 눈이 내리니 너무 미끄러워서 도저히 걸어 다닐 수가 없었다. 주차장에서 일하는 장소까지 가려면 거북이처럼 엉금엉금 기어갈 수밖에 없었다. 길이 너무 미끄럽고 힘들 때 이렇게 하나님께 기도했다.

> 하나님, 신발이 낡아서 눈 위를 걸을 수가 없습니다. 눈을 내리게 하지 마시든지 아니면 새 신발 살 돈을 주시든지 무엇이든 한 가지를 도와주세요.

그때 하나님께서 말씀하시는 것이 느껴졌다. 신발의 밑창에 우물 정자를 파라는 것이다. 너무 흥분되어 근무를 마치고 집에 와서 부엌칼로 신발 밑창을 우물 정자로 조심스럽게 팠다. 그 신발로 눈길을 걸어보았다. 신기하게도 전혀 미끄러지지 않았다. 나는 너무나 기뻐서 하나님께 감사를 드렸다. 하나님은 아주 간단한 방법으로 문제를 해결하신다.

독일 항공사에 입사하다

인생과 고난의 의미!

세상이 아무리 어두워도 마음은 어두워지지 않고,
불황의 골이 깊어도 마음의 골은 깊어지지 않게 하는
신앙의 도전은 최대 성공 요인이 됩니다.

시달리며 주저하는 인생보다,
시도하며 앞장서는 인생이 더 아름답습니다.
절망보다 희망을 선택할 자유가 있다는 것은
인생의 고귀한 위대한 선택의 길입니다.

의미를 찾으면 삶도 찾게 되고,
의미를 잃으면 삶도 잃게 됩니다.
의미를 부여하면 기억된 인생이 되고,
의미를 무시하면 잊힌 인생이 됩니다.

모든 삶은 의미가 있습니다.

제7장 축복과 은혜로 행복한 삶 _독일 항공사에 입사하다

고난 중에 의미를 찾으려는 의지를 가질 때
의미 있는 삶은 주어집니다.
복지보다 복음이 더 중하고,
재미보다 고난의 의미가 중요합니다.
삶의 의미를 찾으면 문제 해결도 찾게 되고,
의미를 찾으면 소멸된 에너지는 창조적 에너지로 살아납니다.
고난에서 의미를 발견하고 감사하면
더 감동적인 일들이 생겨납니다.

가죽 회사에서 7개월쯤 일했을 때, 이곳에서 더 일할 수 없을 것 같은 한계가 느껴졌다. 그렇다고 생활고 때문에 당장 일을 그만둘 수도 없었다. 오직 한 가지 무기는 기도였다. 이 어려운 직장을 벗어나려면 하나님께 무릎을 꿇고 매달릴 수밖에 없었다.

난 작심을 하고 40일 작정 기도에 돌입했다. 하루도 빠짐없이 40일을 채웠다. 끝나는 날이 토요일이었던 것으로 기억한다. 그때 아내와 아이들은 집에 없었다. 나 홀로 집에 있는 동안 마음은 한없이 처량해졌다. 가장으로서 할 일을 하지 못한 초라한 기분이었다. 앞으로 나갈 길은 보이지 않았다. 장래에 대한 걱정으로 실망이 되어서 소파에 누워 있었다.

오후 1시쯤이었다. "딩동!" 하는 벨 소리가 울렸다.

나는 "할로우, 누구십니까?"라고 물었다.

"우편 배달입니다. 당신에게 텔레그램이 왔으니 사인하고 받으세요!"

문득 불길한 생각이 앞섰다, 분명히 텔레그램이라면 한국에서 오는 편지일 것 같았다. 혹시 부모님에게 무슨 일이 생긴 게 아닌가 싶어 걱정스러운 마음이 일었다.

일단 받은 편지를 책상 위에 두고 고민했다. 하지만 아무리 불길한 일로 온 편지일지라도 알고는 넘어가야겠다고 생각했다. 이내 다시 편지를 집었다. 글자를 보는 순간 정신이 번쩍 들었다. 노란 비행기 마크가 그려져 있는 독일 항공회사 루프트한자에서 온 편지였다. 독일 항공에서 무슨 일인가 싶어 내용을 읽어 보았다.

'월요일 오전 8시에 면접을 보러 오세요.'

믿을 수 없는, 환상 같은 소식이었다.

먼저, 하나님께 감사의 기도를 드렸다. 40일 작정 기도를 끝낸 날 받은 편지라 더 큰 의미가 있었다. 이것은 분명 하나님의 응답이었다. 보통 독일은 이런 경우 최소한 한두 달 전에 통보가 오는 법인데 이렇게 급하게 텔레그램으로 오는 경우는 흔치 않았다. 문득 하나님이 내 기도에 응답하시기 위해 급하게 처리하셨다는 생각이 들었다.

월요일 아침, 그동안 출근하던 직장에 전화를 걸어 오늘 하루 사정이 있어서 휴가 신청을 하겠다고 했다. 이어 꿈에 부푼 마음으로 독일 항공사 인사과로 찾아갔다. 시험과 면접이 끝나고 대기실에서 결과 보고를 기다렸다. 잠시 후 50대로 보이는 여성 인사 담당관이 다가왔다. 그러고는 잠깐 따라 들어오라는 것이다. 사무실로 들어서자, 그 여성은 말했다.

"우리는 당신과 6개월만 계약할 수 있습니다."

그때부터 나의 기대는 완전히 무너져 내렸다. 기쁨도 희망도 사라지고 절망의 벽이 앞을 가로막는 느낌이었다. 잠시 생각한 후 인사과장에게 말했다.

"저는 여기에 입사하기 위해 지금까지 다니던 직장을 그만두고 왔는데 그럼 그 후엔 어떻게 하라는 말입니까?"

인사과장인 여직원의 답은 간단했다.

"그건 당신 사정이지요."

기대했던 것이 허사로 끝난다고 생각하니 마음이 와르르 무너졌다. 그때 하나님은 음성으로 다시 들려주셨다.

"회사에서 인사 이동하는 자가 누구냐?

저 여자냐?

바로 나니라."

하나님은 내 마음 가운데 생생하게 들려주셨다. 그 즉시 하나님의 음성으로 알아차리고 불신앙을 회개했다. 마음으로 잠시 묵상하고 6개월도 괜찮다고 말하며 고용 계약서에 사인했다. 출입증도 6개월이고 직업의 연한도 6개월로 결정되었다.

2주 후 월요일부터 출근하기로 하고 다니던 회사를 그만두었다. 출근 준비도 할 겸 집에서 며칠 쉬고 있는데, 식당을 경영하는 친구에게서 전화가 왔다.

"자네, 요즘 뭐 하는가?"

"잠시 집에서 쉬는 중이야."

그러자 친구는 자기 식당에 와서 페인트칠을 해 달라고 부탁했다. 흔쾌히 수락하고, 3일 동안 친구 식당 정문 입구의 색칠을 끝냈다. 마지막 날 친구가 봉투를 건넸다. 집에 와서 봉투를 열어보니 700마르크가 들어 있었다. 기대하지 않았던 큰돈이라 정말 고마워서 전화를 걸었다.

"왜 돈을 그렇게나 많이 넣었어. 고맙게 잘 사용하겠네."

그 돈으로 새 직장에서 입을 옷과 신발을 샀다. 친구 덕분에 말끔하게 새 단장을 하고 출근하게 되었다. 하나님은 누추한 모습으로 직장에서 새출발하는 것도 막으시고 도우신 것이다.

독일 항공사 생활은 무척 만족스러웠다. 월급도 기대 이상으로 많았다. 모든 것이 잘 풀려갔다. 열심히 일하는 동안 어느새 3개월이 지났다. 어느 날 부서 책임자가 서류 몇 장을 들고 찾아와서 사인하라고 하는 것이다.

"이 계약서는 당신이 퇴직할 때까지 영구적으로 근무할 수 있는 무기한 계약서입니다."

"오, 하나님 감사합니다!"

하나님은 나의 인사과장이었고, 모든 생사를 주관하시는 분이었다. 원래 6개월 계약이었지만, 3개월 만에 나는 독일 최고의 항공사인 루프트한자의 정식 직원으로 채용된 것이다. 주변 사람들의 말에 의하면 6개월 계약자는 정식 직원이 될 가능성은 거의 없다고 한다.

하지만 하나님이 날 위하시면 누가 감히 막을 수 있겠는가?

그리고 1년이 지난 후 다른 직원은 잘 받지도 못하는 특수 교육까지 받게 해 주셨다. 모든 것은 삶을 주관하시는 하나님 은혜였다.

> 여호와를 찬송할지로다 그가 말씀하신 대로 그의 백성 이스라엘에게 태평을 주셨으니 그 종 모세를 통하여 무릇 말씀하신 그 모든 좋은 약속이 하나도 이루어지지 아니함이 없도다 (왕상 8: 56).

하나님은 약속하시고 그것을 이루어 주시는 여호와이심을 더 깊이 알게 되었다. 고난과 역경을 참아내는 인내를 통해 반드시 약속을 이루어 주심을 체험하게 되었다. 진실로 하나님을 의지한다면 서두르지 말고 잠잠히 참아 기다릴 줄 알아야 한다.

인간적인 지혜나 잔꾀가 아닌 신실한 믿음으로 기도해야 한다. 아무리 교회를 열심히 다니고, 남을 돕는다 해도 하나님보다 자기의 잔꾀에 의존

하는 사람을 볼 때면 안타깝기만 하다.

　믿음은 자기 생각과 지식, 인간적인 사고를 넘어서 하나님께서 일하시도록 나를 주님께 던져 버리는 것이다.

　세상 사람들은 믿음의 사람들을 보면 바보스럽다고 말한다. 하지만 믿음의 사람들은 하나님께 모든 것을 내려놓고 삶 자체를 하나님께 드린다.

　가끔 믿음으로 살려고 하면 가족조차도 잘 이해해 주지 못할 때가 있다. 하나님만 의지하겠다는 결단함이 없다면 기적이나 능력은 경험할 수 없다. 우리가 무엇인가 하나님께 얻고자 한다면 믿음으로 인내하는 희생의 시간이 수반되어야 한다. 그 대표적인 희생이 바로 자기 부인이다. 하나님을 신뢰하고 기도할 때, "내가 너를 존귀한 자로 세우겠다"는 말씀으로 응답하셨다.

　항공사에 취직한 후 우리 가족은 세계 어느 곳을 가든 10퍼센트의 항공요금만 내면 비행기를 탈 수 있다. 이러한 삶의 기적은 전적인 하나님이 행하신 은혜의 선물이다. 잘되든지 안되든지 하나님의 영역이다. 나는 직장 동료들에게 복음을 전하는 증인의 삶을 살기 위해 전도를 하다 오해를 받기도 하고 미움도 받았다.

　동료들에게 복음을 전하면 그들은 나를 이단에 소속된 사람으로 오해하거나 배척하기 일쑤였다. 그런데도 굴하지 않고 성실하게 전도의 종으로 쓰임 받고자 했다. 하나님은 그런 순수함을 브시고 내 모든 인생을 책임지셨다.

집 구매의 은혜

1996년 아내가 다니던 병원이 문을 닫게 되면서 아내는 직장으로부터 퇴직금을 받게 되었다. 아내와 의논한 후, 받은 퇴직금으로 남은 빚을 모두 청산했다. 드디어 우리도 빚쟁이의 신세를 벗어나게 되었다. 그동안 못난 남편, 못난 아버지 때문에 어려움과 고난을 겪은 아내와 두 아들에게 미안한 마음을 늘 잊지 않았다.

약 2년이 지난 후, 기도 중 집을 사라는 마음이 일어났다. 그때마다 "아니야, 내가 욕심을 없애야지" 하면서 집을 산다는 마음을 억제했다. 하지만 기도 중 집을 사야 한다는 마음이 더 강해졌다. 여부를 알기 위해 하나님께 묻기 시작했다.

하나님은 집을 사기를 원하신다는 마음이 느껴졌고 응답을 확인했다. 사실 이제 막 빚을 갚은 상태고 수중에 준비된 돈도 없었다. 염려가 앞서 좀 더 기도를 드린 후 아내에게 말했다.

"하나님께서 집을 찾아보라고 하시는데, 신문광고에 괜찮은 집이 나타나면 한 번 알아봐!"

그 길로 매주 금요일에 발간하는 부동산 신문을 사서 아내에게 주었다. 아내는 약 10분 정도 매물을 찾아보더니 말했다.

"여기에 집이 하나 있는데 괜찮은 것 같아요."

곧바로 부동산 거래소에 전화를 걸어 약속한 후 집을 찾아갔다. 집을 보고는 마음에 확정했다. 막상 집을 사자고 아내에게 이야기했더니 이번에는 아내가 극구 반대하는 것이다.

"여보! 당신, 지금 정신이 있어요?

빚을 갚은 지가 얼마나 되었다고 돈도 없이 집을 사자는 거예요!"

아내의 말이 옳았다. 생각해 보니 내 욕심인 것 같아 포기하기로 했다. 그런데 이상했다. 기도하면 할수록 그 집을 사라는 마음이 생기는 것이다. 아내를 다시 설득했지만, 아내의 생각에는 변함이 없었다.

어느 주일, 예배를 마치고 교인 중에 경제에 대해 해박한 집사님과 잠시 대화를 나눴다. 내 생각을 솔직히 털어놓았다. 집을 하나 찾았는데 마음에 들지만, 아내가 반대해 고민하고 있다고 말했다. 집사님은 곧바로 같이 가서 보자고 했다. 결국, 아내와 함께 세 명이 찾아갔다. 동행한 집사님은 "가격과 위치와 모든 환경이 좋은 것 같다"고 하면서 형편이 된다면 자기가 사고 싶다는 것이다. 그때야 아내도 허락했다.

집사님은 자신이 거래하는 은행장을 아는데, 원하면 대출할 수 있도록 도와주겠다고 말했다. 그분의 도움으로 아무 문제 없이 100퍼센트 융자를 받아 집을 구매했다. 보통은 집값의 30퍼센트는 기본금을 내야만 대출할 수 있었다. 하나님께서 도우셔서 집 구매에 관해 경제적 도움을 허락해 주셨다. 게다가 우리가 산 집은 이미 세 사람이 세 들어 살고 있었다. 그 덕에 모든 비용은 집세에서 나오는 비용으로 충당할 수 있었다.

찬송에도 있듯이 믿음으로 사는 자는 하늘 영광 보게 하시고 형통함을 주신다. 보통 사람은 돈을 가지고 있어도 할 수 없는 것을, 아무것도 없는 나 같은 자에게 부유함으로 채워 주셨다.

이렇게 복 이야기를 하면 어떤 이는 기복 신앙이라 말할지 모른다. 하지만 나는 예수를 믿고부터 30년 동안 시련, 고난, 멸시, 조롱, 경제적 어려움을 종합세트처럼 힘겹게 겪었다.

성경의 위대한 인물들이 고난의 다리를 건넌 후 하나님의 칭찬을 받았던 것을 기억하라!

그동안 하나님은 나를 그들처럼 냉정하게 연단하셨다.

그간의 삶 동안 나에게 해가 떠 있는 날이 얼마나 있었을까?

늘 절망감으로 막연할 때가 더 많았다. 이웃 가족이 휴가를 다녀온 이야기를 하면 마음에 부러움 때문에 시험이 되었던 적이 한두 번이 아니었다.

'이렇게 예수를 믿어야 하는가?'

이런 고민에 빠지곤 했다. 그들이 여행지에서 행복했던 시간을 이야기하면 내 마음은 한없이 쪼그라든다. 헌금 생활을 조금만 줄여도 그들이 다니는 휴가를 우리도 어느 정도 즐길 수 있었다.

신앙생활이란 먼저 주님을 위해 나의 모든 것을 드리는 희생의 삶이라고 생각하며 살아왔다. 하나님은 그런 내 모습을 보시고 기꺼이 희생을 축복으로 갚아 주셨다. 그래서 오늘 이렇듯 은혜의 말을 할 수 있는 것이다. 모든 일에 걱정 대신 평안함이 나를 감싸고 있는 것은 내 힘이 아닌 주님의 힘이다. 하나님은 지금까지 삶을 그분의 계획 속에서 이끌어 가고 계신다.

항공사에서의 조기 은퇴

　40일 작정 기도를 통해 입사한 독일 항공사에서의 직장생활은 즐거웠고 만족스러웠다. 모든 것이 풍요로운 곳이라서 부족한 것이 없었다.
　내 평생 하나님은 궁핍도 알게 하셨고, 풍요도 경험케 하셨다. 그 안에서 나는 하나님의 신실하심을 배워 갔다.
　독일 항공사에서 13년째 근무를 하던 해였다. 2007년 당시 60세로, 회사에서는 직원들에게 조기 퇴직을 권했다. 그리고 누구나 원하면 특혜를 준다는 것이다. 5년을 먼저 은퇴하면 80퍼센트의 월급을 주고 퇴직금도 받을 수 있다는 것이다. 일단, 이 혜택에 대해 더 자세히 알아보았다. 65세까지 일을 다 해도 받는 연금 액수는 조기 퇴직과 별 차이가 나지 않는다는 사실을 확인하고 결정했다. 그리고 퇴직 이후 할 일을 가족과 함께 기도하며 의논했다.
　그때 큰아들이 생각한 것은 호텔 사업이었다. 나도 역시 같은 생각이었기에 실적 부진으로 경영이 어려운 호텔을 믿음으로 인수해 시작하기로 했다. 호텔을 계약하던 날은 교회 성도 몇 분이 목사님과 함께 파라과이에 단기선교를 떠나기로 되어 있었다.
　호텔 인수는 아내와 아들에게 맡기고, 나는 교회 성도들과 10일 동안 단기선교를 떠났다. 필요한 돈을 다 털어 선교지에 갔다.

막상 다녀온 후에 호텔 상태를 보면서 한숨이 나왔다. 직장은 아직 8개월 정도 더 다녀야 조기 연금에 해당하였다. 일단 아내 혼자서 운영하기로 했다. 그런데 막상 시작하고 여러 달이 지나도 손님이 찾아오지 않아 집세와 빚이 쌓이기 시작했다. 보통 때와 같이 근무를 마치고 호텔로 오면 아내는 울먹였다.

"우리 이제 망하게 되었어요."

나 역시 아무리 생각해도 뾰족한 방법이 없었다. 어떤 피해가 오더라도 호텔업을 접어야겠다고 약속을 했다. 다음날 출근해 직장에서 일하며 하나님께 기도했다. 걱정하는 마음으로 기도하던 중에 마음에서 하나님의 단호한 음성이 들려왔다.

"네가 호텔업을 그만두면 나는 너를 기뻐하지 않는다."

결국, 다시 마음을 추슬렀다. 근무가 끝나고 다시 호텔로 돌아왔다. 아내가 차려놓은 밥상 앞에서 말했다.

"여보, 하나님께서 여기서 그만두면 기뻐하시지 않으신대!"

그렇게 말하자 아내는 흔쾌히 다시 해 보자고 했다. 하지만 아내는 이내 현실을 생각하며 다시 울먹였다.

"우리, 이제 거지가 되는 것 아닌가요?"

서로 기뻐하며 새 힘을 얻어 다짐했지만, 막상 밀린 집세와 빚을 갚기 위해서 아내가 퇴직 때 받은 돈이 다 소진된 터였다. 또 마음이 흔들렸다. 그래서 다시 그만두자고 서로 이야기하며 그날 밤을 보냈다. 다음날 직장에서 열심히 일하며 다시 하나님께 물었다.

"하나님! 하나님! 나는 어떻게 하면 되나요?"

대답은 한결같았다.

"네가 여기서 포기하면 나는 너를 기뻐하지 않는다."

근무를 마치고 호텔에 돌아와 아내에게 용기를 내어 말했다.

"여보, 하나님께서 더 하라고 하시네!"

아내는 조용하게 말했다. 아내의 마음도 하나님이 붙드시는 것 같았다.

"그래요. 우리 계속해요!"

다음 날 밤 11시경, 손님이 찾아왔다. 하룻밤 숙박료가 얼마인지 물었다. 50마르크라고 하자 너무 비싸다고 말하며 나가는 것이다. 아내는 손님의 뒤를 따라가며 30마르크로 흥정했다. 마지막에는 20마르크까지 깎아준다고 해도 손님은 거절하고 돌아갔다. 실망감이 이만저만이 아니었다.

며칠이 지나 이상한 일이 일어났다. 어느 젊은 사람이 방을 주문했다. 다음날은 다섯 사람이, 그다음 날도 이어졌다. 드디어 호텔 방이 꽉 찼다. 약 10개월 동안 주말까지 객실을 꽉 채웠다. 호텔 근처에서 공사하던 인부들이 투숙했기에 가능했다. 기적 같은 일이었다. 이후 호텔은 탄탄대로를 걸으며 그동안 밀린 빚을 갚아나가기 시작했다. 하지만 10개월 후 이웃 건물 공사가 끝나가자, 또다시 빈 객실이 되었다.

우리 부부는 하루하루를 불안 속에서 지냈다 그러던 중 독일 중부 지방에 사는 친구에게서 전화가 왔다. 친구는 내 사업이 잘되는지 물으며 투숙객 한 사람을 보내줄 테니 잘 모셔 달라고 했다. 다음 날 친구가 소개한 손님이 젊은이 두 명을 데리고 찾아왔다. 그들을 통해 며칠 만에 객실이 채워졌다. 1년 동안 호텔은 완전 가동 되어 매상이 올랐다.

2년이 지난 후 그들이 근무하는 회사 근처에 한인 호텔과 민박들이 생겨나기 시작했다. 그러자 그들은 회사 근처 호텔로 옮겼고 오던 손님들은 더 찾아오지 않았다. 호텔은 다시 냉기가 돌았다. 불안과 초조가 마음을 옥죄었다. 내 마음을 저울질하는 것 같았다.

하지만 잠깐의 불안 후에 다시 손님이 찾아오기 시작했다. 다른 회사의 파견 직원들이었다. 객실은 채워지고 방이 모자랄 정도였다. 이 손님들은 호텔비를 이전보다 더 높게 책정해서 정산해 주었다. 하지만 3년이 지난 후 여러 사정으로 현재 호텔에서는 더 영업할 수 없게 되었다.

새 호텔에서 새로운 도약

우리 가족은 호텔업을 지속하기 위해 다른 호텔을 찾아야 했다. 기도하던 중 가까운 곳에 한 곳을 찾았다. 약 3년 동안 비어 있는, 식당과 민박 형태로 운영하던 호텔이었다. 여러 조건이 좋았다. 이곳을 인수하기로 하고 집주인에게 월세로 건물을 빌리겠다고 했다. 하지만 집주인은 월세는 안 된다고 하며 판매하겠다는 의향을 전했다. 막상 사려고 은행을 알아보니 융자가 되지 않았다.

특히, 식당이나 호텔 사업을 위해 대출받는 것은 당시로선 지극히 어려운 일이었다. 여러 방면으로 은행 대출을 알아보았지만, 그들은 처음부터 단호하게 거절했다. 다른 방법이 없어 포기할 수밖에 없었다. 하지만 기도하면 할수록 마음에 비전을 주시며 꼭 해야 한다는 마음이 생겼다. 곁에 있던 아내도 모든 은행에서 융자를 거부하니 인제 그만두자고 나를 설득했다.

하지만 나는 포기가 되지 않았다. 하나님께서 다시 하라고 비전을 주시면 뜻을 따라야 하는 것이 나의 신앙이다. 은행마다 거절 당해 포기하고 싶었지만 계속 은행을 알아보라는 마음이 들었다.

하루는 건물 주인을 찾아가 말했다.

"내가 당신의 건물을 사고 싶지만, 은행에서 호텔과 식당업을 위한 융자를 거절하니 더 방법이 없습니다."

그러자 건물 주인은 자기가 거래하는 은행에 가서 알아보자는 제안을 했다. 특별한 기대 없이 건물 주인과 은행으로 향했다. 우리의 이야기를 듣던 은행원은 대출 담당자에게 안내했다. 그는 지금까지 사업했던 실적 내역을 달라고 했다. 나는 즉시 세무사에게 전화를 걸어 경영 실적서를 보내 달라고 부탁했다. 그리고 그 자료를 은행에 제출했다. 담당자는 서류를 꼼꼼하게 확인하더니 이렇게 말했다.

"짧은 시간에 아주 좋은 실적을 올리셨군요. 우리는 당신의 사업 능력을 믿고 대출해 드리겠습니다."

그렇게 우리는 건물을 매입했다. 하지만 1년 후 다시 경제 파동이 일어나면서 많은 기업이 경영난에 시달렸다. 그러자 손님들의 발길도 뜸해졌다. 악재는 겹쳐 그 시점에 시청의 안전 검열관이 호텔을 검사했다. 결과는 80퍼센트가 운영 불합격이라는 것이었다. 심지어 더 이상 호텔을 경영하지 못하도록 금지령을 내렸다. 상황은 점점 꼬여서 앞으로 나갈 길이 보이지 않았다. 이대로 모든 것을 포기해야 할 지경에 이른 것이다. 상황은 절박했다.

하지만 어려울 때마다 나의 버팀목은 기도였다. 설사 사업에 실패한다 해도 예수를 믿는 나는, 사람들을 찾아가 돈을 빌려달라는 말은 하지 않기로 뜻을 세웠다. 하나님이 도와주시지 않으면 끝을 낼 수밖에 없었다.

기도하며 기다렸지만 정작 찾아오는 손님도 없었다. 또한, 은행에 지급해야 할 돈은 여러 달 동안 밀려 있는 상태였다. 급기야 호텔 건물이 압수당하게 되었다. 은행에서는 건물을 압수하기 위한 모든 준비가 이미 끝난 상태였다.

급기야 편지 한 통이 은행으로부터 날아왔다. 내용은 이번 달부터는 계약된 금액 이상은 지급되지 않는다는 내용이었다. 이제 남은 일은 모든 재산이 압수당하는 것뿐이었다. 처음 사업 시작 당시 1만 유로에서 2만 유로로 초과 대출을 했다. 은행에서는 한도 금액 외로 지급을 해 주었다.

그러다가 3-4개월 지나가니 이번 달부터는 2만 유로 한도 외에는 추가 지급하지 않는다는 내용이었다. 부도를 막으려면 다른 데서 돈을 빌려 보충해야 했다. 지출되어 나가는 돈은 약 2만 3천 유로 정도 되는데 3천 유로는 다른 데서 충당해 채워야 했다.

마음이 너무 답답했다. 은행 담당자에게 전화를 걸어, 나의 문제를 설명하기 위해 책임자를 만나고 싶다고 했다. 은행으로 가는 것이 좋은지, 아니면 은행 측에서 호텔로 찾아올 것인지 질문했다. 그러자 은행 쪽에서 호텔로 오겠다고 했다. 다음날 은행 담당자가 한 뭉치의 서류를 안고 찾아왔다. 그를 보는 순간, 이제 어떻게 해야 할지 고민했다. 하나님께 잠시 기도를 드린 후 마주 앉았다.

마음이 흥분되어 나만의 서툰 독일말로 은행 직원을 향해 말을 이어갔다.

> 나는 하나님을 신뢰하고 믿는 사람인데, 하나님께서 분명 나를 축복하시고 축복하십니다. 그런데 당신들은 나를 불신하고 있습니다. 하나님을 믿는 나를 신뢰하시고 걱정하지 마십시오!

내 목소리는 점점 커지고 있었다.

나의 하나님께서 당신 은행의 돈을 떼어먹지 않게 하실 것을 당신들이 알았으면 좋겠습니다. 나의 하나님께서는 이런 어려운 위기를 통해 나를 한 단계씩 축복해 주셨습니다. 이번에 어려움을 통해 더 많이 축복하고 높이실 것을 확신합니다. 앞으로 나는 당신들 은행의 고귀한 고객이 될 것입니다. 나를 믿어 주세요!

담당자는 나의 고조된 말에 당황하는 표정이었다. 그러더니 입을 열었다.

"우리는 당신을 의심하지 않았습니다."

"아닙니다. 당신들은 나를 불신하고 있습니다."

우리의 대화는 끝이 났다. 은행원은 다른 말은 하지도 않고 잠시 침묵하다 챙겨온 서류를 들고 돌아갔다. 나는 한숨을 내쉬며 절박한 순간이 지나간 것에 감사했다.

담당자와의 만남은 6월 28일이었다. 만약 6월 말에 지출되어야 할 금액을 정지시키면 호텔은 부도로 이어진다. 그렇게 되면 모든 재산은 법정관리가 시작된다.

다음 달인 7월 1일, 은행 계좌를 확인한 결과 초과 한도가 모두 문제없이 지출되었다. 이것 또한 하나님의 기적이다. 7월 초순부터는 스위스에서 온 회사가 방을 예약해 오랫동안 호텔을 사용했다. 재정은 다시 좋아졌고 그동안 밀려 있던 빚도 청산했다. 하지만 아직도 해결해야 할 문제가 남아 있었다. 시청에서 지적받은 호텔 안전 검사였다.

사실 이런 문제가 일어날 줄은 생각도 하지 못했다. 예상 밖의 일이라 당황스러웠다. 나는 독일어가 부족해 아들을 통역자로 앞세워 시청 방화안전과에 찾아갔다. 현재 호텔이 겪고 있는 경제적 어려움을 이야기하고 동정하는 마음으로 도와달라고 부탁했다. 하지단 시청 측에서는 완강하게 거절했다. 담당자는 "안전 검열에서 지적받은 사항을 바로잡고 다시 완공해 승인되기 전에는 운영해서는 안 된다"고 한 마디로 잘라서 말했다. 독일인들의 특성은 한 번 No를 말하면 두 번 다시 구걸할 필요가 없다. 구걸해 봐야 나만 바보가 될 뿐이다.

한 번 거절당하면 설득이 힘들다는 것을 뻔히 아는 나로서는 절망이었다. 분명히 기도를 통해 하나님이 허락하신 것이라면 이렇게 당할 수는 없다는 생각이 들었다. 이 사람들 앞에서 조금도 약해질 필요가 없었다.

왜 그들에게 구걸해야 하는가?

주님께서 항상 나와 같이하신다고 약속하셨고 이 호텔도 분명 주님이 주셨다. 그렇다면 주님께서 해결하실 것이 분명하다고 믿어졌다. 새로운 용기가 생겼다. 그리고 입을 열었다.

> 오케이, 당신들이 그렇게 한다면 내게도 좋은 방법이 있습니다. 나는 지금 곧 부도 신청을 내고 내가 소유하고 있는 모든 재산을 시청에 신고하고 지금부터는 시청에 가서 영세민 신청을 하면 됩니다. 먹고사는 모든 문제는 시청에서 다 책임질 테니까요. 삶의 문제로 걱정할 필요가 없으니 분명히 이제부터 내게는 가장 편안한 삶이 될 것입니다.
>
> 그렇게 살면 오래오래 살게 되고 늦잠도 자고 부담 없이 편안하게 살게 되었으니 이것보다 더 큰 복이 어디 있겠습니까?
>
> 돈이 적으니 적게 먹어 자동으로 다이어트가 되고 그러면 더 건강해지고 오랫동안 편안하게 살 수 있으니 이것은 천국 생활에 비할 바 없습니다. 정말 좋은 기회가 왔으니 감사한 일입니다.

나는 모든 관청 직원 앞에서 흥분해서 열변을 토해냈다. 그때 사무실 안쪽에서 나이가 육십은 되어 보이는 사람이 나왔다.

"나를 따라오십시오."

그의 사무실에 들어가자 의자에 앉으라고 했다. 무슨 일인가 생각하던 중 그가 조용히 입을 열었다.

"우리는 당신을 도와서 안전 검사를 무기한 연기해 줄 테니 계속 호텔 운영을 하세요."

그때 나는 즉각 답했다.

> "내가 미쳤습니까?
> 골치 아픈 호텔을 계속할 이유가 없지요. 이 좋은 기회를 잃을 수는 없지요. 일하지 않고 먹고 살 수 있는 혜택을 포기하는 바보가 어디에 있겠습니까? 죽도록 일해도 돈도 벌지 못하는데 다시 고생스럽게 일을 택할 바보가 되어서는 안 되지요.
> 방화문 한 개에 2천 유로가 지급되는데 무슨 돈으로 이 많은 것을 해낼 수 있단 말입니까?"

그러자 가만히 듣던 그는 직접 인터넷에 들어가 가격이 저렴한 제품을 찾아주면서 "이런 제품 정도 사용하면 돈이 많이 들지 않고 안전 검열에 해당하는 모든 문제를 해결할 수 있다"고 설득했다. 이때 나는 못 이기는 척하며 시도해 보겠다고 했다.

시간이 흘러, 결국 차질 없이 100퍼센트 완성된 호텔로 성장시켰다. 지금 생각하면 불가능한 일을 해낼 수 있는 능력과 용기가 어디서 나왔는지 모르겠다. 하나님을 믿는 믿음으로 태산 같은 난관을 모두 뛰어넘게 했다. 그것도 깐깐하다는 독일인들 앞에서 말이다. 많고 많은 문제가 있지만, 하나님은 그 모든 것 속에서 선한 것으로 우리에게 주신다. 어려운 일이 생길 때마다 절망하지 않고 믿음으로 행동할 때 주님은 우리를 앞서 도우신다.

나는 내가 얼마나 불완전한 사람인지 알고 있다. 그러므로 주님 앞에서 살아야 하는 사람이다. 나를 신앙인으로 세우셔서 하나님의 은혜와 축복을 체험하게 했다. 하나님의 은혜 안에서 사는 인생이 가장 복되다. 아무리 힘들고 어려워도 내 곁에 계신 하나님이 함께하심을 믿는다면 그 어떤 장애물도 뛰어넘을 수 있다.

인간은 고난을 받아야 조금씩 철이 든다. 고난을 통해 나의 연약함을 통찰하고 하나님을 신뢰하는 법을 배우게 된다. 모든 것이 하나님의 섭리 아래 있다는 믿음을 가진다면 고난도 무겁지 않다. 무엇보다 하나님을 바르게 아는 것보다 더 큰 복은 없다.

호세아 말씀에서 이스라엘 사람들이 암울한 상태일 때 호세아는 이렇게 외쳤다.

> 그러므로 우리가 여호와를 알자 힘써 여호와를 알자 그의 나타나심은 새벽빛같이 어김없나니 늦은 비와 같이 땅을 적시는 은혜의 비같이 우리에게 임하시리라 (호 6:3).

고난 속에 성령이 임하시면 담대해지고 무슨 일을 만나도 주눅 들지 않고 당당하게 맞서 싸울 수 있다. 어려움이 왔을 때 인간의 힘으로 해 보겠다는 자는 실패할 수밖에 없다. 내 삶도 용기 있는 다윗처럼 변하고 있다는 걸 느낀다.

하나님의 사람은 위기 앞에서 더 강하고 침착하다. 그것은 하나님이 일하시기 때문이다. 여기서 가장 중요한 점은 날마다 주님과 어떤 관계를 맺고 있는지다. 그것을 늘 확인하고 살아야 한다.

교회를 다니는 사람은 하나님은 전지전능하시고 무소부재하신 분이라고 말한다. 그리고 자신도 하나님의 자녀라 지칭한다.

그런데 당신에게 정말로 그런 믿음이 있는가?

만약 믿는다면 세상의 불리한 조건이나 난관에서 왜 근심하고 두려워하는가?

이것은 진짜 신앙이 아니다. 민수기 13-14장에 나타나는 이스라엘 정탐꾼의 이야기를 잘 알 것이다. 가나안을 정찰하고 돌아온 그들은 돌아와서 모세와 이스라엘 백성 앞에서 보고한다. 그들의 내용은 두 가지로 나뉜다. 열두 명 중 열 명은 하나님의 언약을 기억하지 않고 인간의 눈으로 본 사실을 이야기한다. 어떻게 보면 이들의 보고가 사실일지도 모른다. 외적으로 볼 때 절대로 유목 중인 이스라엘이 정착민인 가나안을 정복하기 힘들기 때문이다.

하지만 반대로 나머지 두 명의 정탐꾼은 가나안을 정복할 수 있다고 주장한다. 두 사람은 눈앞에 나타난 상황만 본 것이 아니라, 지금까지 수많은 기적으로 함께하신 전능하신 하나님을 믿었다. 즉, "가나안 사람들은 참 신이 없으므로 그들은 우리의 밥이다"라고 신앙고백을 한 것이다.

현실적으로 볼 때 두 명의 보고는 사실에 입각하지 않은 허위 보고라고 볼 수도 있다. 가나안 사람들은 풍요 속에서 안정적이었고 이스라엘 사람들은 광야 생활로 지쳐 전쟁을 수행할 능력이 없었다. 목축하는 이들로 전쟁 연습도 하지 못했던 자들이다. 그들이 가지고 있는 것은 하나님의 말씀 법궤와 천막이었다.

하지만 하나님의 관점에서는 그들의 보고는 정직했고, 그 말은 그대로 실현되었다. 여호수아와 갈렙의 고백을 들어보자.

> 다만 여호와를 거역하지는 말라 또 그 땅 백성을 두려워하지 말라 그들은 우리의 먹이라 그들의 보호자는 그들에게서 떠났고 여호와는 우리와 함께 하시느니라. 그들을 두려워하지 말라 하나(민 14:9).

다수를 차지한 열 사람은 그 이면에서 도와주시는 절대자 하나님을 인정하지 못했다. 하지만 두 사람은 조건과 환경이 어떠하든 절대자가 함께 하신다는 약속을 믿었다. 불신앙으로 망하는 열 사람과 그 말을 듣고 불신에 잡힌 자들을 보자.

> 나를 원망하는 이 악한 회중에게 내가 어느 때까지 참으랴. 이스라엘 자손이 나를 향하여 원망하는바 그 원망하는 말을 내가 들었노라. 그들에게 이르기를 여호와의 말씀에 내 삶을 두고 맹세하노라. 너희 말이 내 귀에 들린 대로 내가 너희에게 행하리니 너희 시체가 이 광야에 엎드러질 것이라 너희 중에서 이십 세 이상으로서 계수된 자 곧 나를 원망한 자 전부가 이 광야에 망하리라. 그러나 여분네의 아들 갈렙과 눈의 아들 여호수아 외에는 내가 맹세하여 너희에게 살게 하리라 한 땅에 결단코 들어가지 못하리라(민 14:27-30).

진실한 믿음은 인생의 벼랑 끝에서 판가름난다. 옛날이나 지금도 진리를 진리 그대로 따르고 인정하는 자는 조롱과 박해를 받게 된다.
심지어 교회에서도 말이다. 나름대로 잘 믿는다고 자칭하는 유대인들이 참 진리이신 예수님을 죽이고 핍박하는 것은 그때나 오늘이나 항상 있는 일이다.

  믿음으로 살고자 하는 자는 세상에서 조롱과 멸시를 두려워하면 안 된다. 말씀대로 살기 어렵다는 것을 알아야 믿음 생활에 도움이 될 것이다.

부부 사이에 존재하는 악한 영

볼지어다 내가 네 앞에

열린 문을 두었으니

능히 닫을 사람이 없으리라.

내가 네 행위를 아노니

네가 작은 능력을 가지고서도

내 말을 지키며

내 이름을 배반하지 아니하였도다 (계 3:7-12).

이 말씀에는 나의 신앙을 다시 굳게 설 수 있도록 힘을 주고 소망을 가지게 하시는 하나님의 사랑이 들어 있다. 오랫동안 나는 신앙생활에서 내 신앙을 하나님께서 어떻게 보실 것인지 궁금했다. 그것은 내가 다른 사람에 대한 갈등과 시험을 어떻게 소화해야 할지, 하나님 앞에서 늘 고민하는 것에서 비롯된다.

진리를 따르는 자세가 무엇일까?

그렇다면 나는 주님의 뜻을 잘 지키고 있을까?

늘 근심하던 때가 있었다. 예배 말씀은 나를 움직이지 못했고 이로 말미암아 교회 생활은 갈등으로 치달았다. 시간이 지날수록 인내가 한계에 다다랐다.

　게다가 우리와 오랫동안 함께 신앙생활하던 가정이 멀리 떨어진 도시로 은혜를 따라 홀연히 떠나고 말았다. 그동안 형제처럼 잘 알고 이해하고 지내던 사이라서 그들과의 이별이 힘들었다. 하지만 나마저 이곳을 떠나는 것은 하나님의 뜻이 아니라고 생각했다.

　그래서 이 교회에서 섬겨야만 했었다. 끝까지 잘 견디기 위해서는 기도하는 수밖에 없었다. 기도할 때마다 하나님은 이렇게 응답하셨다.

　"내가 너를 이 교회로 보내었노라."

　시간이 흘러도 교회 생활은 풀리지 않았다. 갈수록 느껴지는 번민은 이것이었다.

　'왜 내가 여기서 힘들게 참고 있어야 하는가?'

　서로 간에 의심과 갈등이 교차했다.

　그러던 중 2010년, 목사님으로부터 전화가 걸려 왔다.

　"정 집사님 장로 피택이 있으니 준비하세요."

　"목사님, 저는 아닙니다. 저는 교육을 많이 받지 못했고 부족한 사람이기 때문에 장로 자격이 못 됩니다."

　그때 목사님께서 말씀하셨다.

　"성경에 공부 못한 사람은 장로가 되지 말라는 말씀이 없으니 순종하는 자세로 따라 주세요."

　나는 일단 수락했다. 하지만 장로 피택을 위해 투표하는 날, 교회에 출석하지 못하고 직장에서 일을 했다. 그날 퇴근해 집에 들어서자, 아내가 장로 피택된 것을 축하한다고 말했다. 나는 장로의 직분을 받아들일 수가 없어서 고민했다. 그때 선교 교육차 한국에 잠깐 가 있는 큰아들에게서 축하 전화가 걸려 왔다.

"아빠 축하해요, 저는 아빠가 장로가 된다는 소식이 저에게 너무 기쁘고 저의 자존감이에요."

"아빠는 장로 자격으로서 부족한 게 많아서 집사로도 충분해."

하지만 아들은 단호하게 말했다.

"아니예요. 아빠는 자격이 충분해요.

아빠, 장로 직분 받으세요!"

결국, 나는 아들의 권유를 말씀으로 받고 이대부터 장로 고시 공부를 시작했다.

그런데 장로로 선출된 후부터 부부간에 문제가 생겼다. 아내가 지나치게 의심을 표현하면서 나를 몹시 힘들게 하는 것이다. 교회의 여자 성도에게 인사만 해도 나를 의심하며 괴롭히는 것이었다.

그 와중에 나는 장로 고시를 통해 장로 안수를 받고 정식 장로가 되었다. 장로 장립 후에도 우리 부부는 갈등이 계속되었다. 결국, 친하게 지내는 선교사님께 이 사정을 말씀드렸다. 선교사님은 나에게 이렇게 조용히 권면했다.

> 정 장로님의 조상들이 우상을 많이 섬겼기 때문에 이제 기도원에 가셔서 조상 때부터 내려오는 죄의 전통을 끊고 하나님께 죄 사함을 받아야 합니다.

당시 우리는 한국에 머무르던 중이라 2박 3일 동안 기도원에서 생각나는 대로 우리 조상의 모든 죄를 하나님께 고백했다. 그리고 우리의 잘못에 대해 서로 용서해 주고, 용서받는 기도를 했다. 지나온 날을 생각하면, 간섭하는 아내의 마음을 이해하지 못하고 쉽게 화를 내며 큰소리를 내었다. 그런 나의 모습이 부끄럽고 나의 잘못에 대해 용서를 구했다.

> 진실로 진실로 너희에게 이르노니 무엇이든지 너희가 땅에서 매면 하늘에서 매일 것이요. 무엇이든지 땅에서 풀면 하늘에서 풀리리라 (마 18:18).

    결론적으로 깨닫게 된 것은, 사탄은 내가 장로가 되는 것을 방해하려고 가까운 사람 또는 이웃을 통해 끈질기게 시험했다. 또한, 목사님 사역에도 이간질하는, 사단의 세력을 알아차리지 못했다.

    하지만 하나님은 그렇게 나를 넘어뜨리게 하려는 사단의 흉계를 결국 알게 하셨고 그 계략을 꺾어주셨다. 오늘이 있기까지 부족한 나를 세워주신 목사님께 감사드린다. 어려운 시험이 닥쳐오더라도 하나님께서 보내 주신 자리에서 교회를 지키고 순종했을 때 그 보상은 참으로 아름답다. 모든 시험을 견디게 한 것은 기도의 힘이었다.

    이후 우리 사업과 아들의 사업도 서서히 풀리기 시작하면서 모든 것이 잘 되어갔다. 기도 중에, 요한계시록 3장 7-12절의 말씀으로 지금까지 일어난 상황에 대한 응답을 받았다. 이 말씀을 읽다가 울고 또 읽고 읽었다. 그런 과정에서 내 고통의 문제가 완전히 사라짐을 느꼈다.

    이제는 힘들어도 인내하며 하나님의 뜻이 이루어지기를 기다릴 뿐이다. 그리고 결국 선하게 이루실 하나님을 신뢰하고 걸어가는 것뿐이다.

장로 은퇴를 하며

2018년 3월 4일은 나의 장로 은퇴식이 있던 날이다. 은퇴식에 답사를 준비했다.

영광스러운 이 자리를 마련해 주신 박동은 목사님과 사모님, 김영구 목사님과 사모님께 진심으로 감사드립니다. 부족한 장로를 오늘까지 인정해 주시고 믿어 주시며 협력해 주신 모든 분에게 다시 한번 감사드립니다. 그리고 함께 이 자리를 빛내 주시는 분들께 감사하는 바입니다.
우리 가족에 감사합니다. 은퇴는 임무가 끝나는 것이 아니라, 내일을 향해서 재도전하며 새로운 비전으로 출발하는 것으로 생각하며 저와 여러분이 같이 가는 것입니다.

믿음의 선한 싸움을 싸우라 영생을 취하라 이를 위하여 네가 부르심을 받았고, 많은 증인 앞에서 선한 증언을 하였도다 (딤전 6:12).

장로 은퇴를 하지만 악과 싸워야 합니다. 주의 백성은 안일함이 아니라 깨어서 자기를 지켜야 할 책임이 있고, 하나님을 대적하는 악의 세력들과 싸워야 합니다.

> 주의 백성은 이 세상에서는 평화가 아니라 전쟁입니다. 이 전쟁을 잘하는 성도가 평화를 알고 자유를 알고 천국에 대한 소망을 잃지 않고 바라는 자들입니다. 우리가 싸움을 싫어한다면 스스로 악한 자들의 수하에서 종이 되는 것입니다.
>
> 그리스도께서 우리를 자유롭게 하려고 자유를 주셨으니 그러므로 굳건하게 서서 다시는 종에 멍에를 메지말자(갈 5:1).
>
> 우리는 이미 얻은 승리를 싸우고 있기 때문에 먼저 승리를 선포할 수 있습니다. 저는 이 자리를 통해 주님의 이름으로 여러분의 삶에서 승리를 축하합니다. 감사합니다.

험난한 세상에서 사람이 칠십 년을 사는 것은 결코 짧다고만 말할 수 있을 것인가?

내 인생의 여정에서 수많은 풍파와 환경과 싸우고 살아왔다. 삶은 고난의 연속이고 문제와 만나는 인생이라 말할 수 있다.

> 사람은 고생을 위하여 났으니 불꽃이 위로 날아가는 것 같으니라(욥 4:7).

사람이 이 땅에서 사는 동안에는 고난은 필연적이라고 욥은 고백했다. 그러므로 고난의 문제를 어떻게 받아들이며 어떻게 대처하느냐에 따라서 그의 삶의 열매는 완전히 다르게 나타날 것이다. 젊었을 때는 고난도 풍파도 모든 것을 하나의 우울한 예술처럼 생각하고 어떻게 하면 굶주림과 고난을 벗어날 수 있을지, 고민하며 밤잠을 설치며 해결에 목적지를 향해 달렸다.

이정표도 없는 거리를 외롭게 헤매면서 굶주리고 추위에 떨면서 방황했다. 그러나 나는 막연한 희망을 품고 그날그날 최선을 다해 투쟁했다. 그렇게 지나간 세월 속에서 속기도 했고, 믿었던 자들에게 배신도 당하고, 사기도 당하며, 멸시와 욕도 먹고, 미움도 받고, 칭찬도 받으며 살았다. 그렇게 인생이 칠십 년을 훌쩍 넘어섰다.

살면서 알게 된 것은 의인이나, 지혜 있는 사람이나, 악한 사람이나, 도둑이나 사람들이 하는 일은 모두가 하나님 눈앞에 있다는 것이다. 모든 사람에게 공통으로 다가오는 운명이 있는데 그것은 모두가 예외 없이 죽음을 맞이해야 한다는 점이다.

살아있는 개가 죽은 사자보다 낫다는 말처럼 살아있는 사람은 소망과 기대가 있다. 살아있는 사람은 자기가 언젠가 죽을 것이라 알고 있지만, 이미 죽은 사람은 모든 것이 잊히기 때문이다. 죽은 자는 아무리 좋은 일이 있어도 다시 참여할 수 없다. 그러므로 이 땅에 살 동안 궂은 일에나 좋은 일에 최선을 다해 노력해야 한다. 그것을 하나님께서 받으시고 축복하시는 것을 알고 사는 자가 복 있는 사람이다.

> 스스로 속이지 말라 하나님은 업신여김을 받지 아니하시나니 사람이 무엇으로 심든지 그대로 거두리라 (갈 6:7).

피할 수 없다는 것을 잘 알아 일을 당했을 때 침착하게 대처하도록 하라!

나의 인생 칠십에 이빨은 흔들흔들, 눈은 침침하고, 다리도 떨리고 흔들리며, 의욕도 떨어지고, 열정도 관심도 약해진다. 황혼 인생을 피할 수 있는 길은 아무것도 없다.

우리 세대 중에서 이미 어떤 이들은 다시 돌아오지 못할 곳으로 떠나기도 했고 지금도 떠나고 있다. 청년 때는 고난과 역경, 힘든 일도 지칠 줄 모르고 밤을 지새우며 싸우고 분투했다. 노력하며 바라던 꿈을 위해 온 세상을 내 것으로 만들겠다는 희망으로 분주하게 달렸다. 꿈이 나를 붙잡아 주고 있었기에 지금까지 열심히 살았다.

지금 와서 돌이켜 볼 때 모든 것이 하나님의 인도와 섭리하심이 항상 나와 함께했다. 나의 삶 전체를 인도하신 하나님께 진심으로 감사드린다. 이렇게 쌓아 올린 나의 향년은 아름답고 영광스럽고 행복했었다고 고백할 수 있다.

아버지의 마음

어렵고 고달픈 세상을 너무 염려하며 살지 말아요.
아무리 걱정이 많아도 오늘은 지나갑니다.
밤이 지나면 새날이 오듯
시간이 지나면 걱정도 사라집니다.

세상에는 여러 가지 시험과 고난으로
신음하는 사람들이 많아요.
그러나 그것은 사람이 살아 있다는 증거지요.
사람은 누구나 걱정 없는 이는 없어요.
슬픔과 괴로움도 있고 기쁜 날도 있으니까요.
때로는 절망의 순간이 오지만,
때로는 희망의 순간도 옵니다.

지금 어렵다고 내일을 포기하지 말아요.
때가 되면 보람도 오니까요.
남들은 행복하게 보여도
그들에게도 남모르는 고통이 있어요.

어떤 이는 행복해야 할 조건인데도 불행하게 사는 사람도 있고,
불행한 조건인데도 행복하게 사는 사람도 있지요.
사람은 자기를 바로 알고 방향을 바르게 가면,
모든 것이 행복의 의미가 되고 감사의 조건도 되지요.
인생의 주인을 알고 그 주인께로 돌아갈 때
당신의 참 행복을 알게 되지요.

수고하고 무거운 짐 진 자들아,
다 내게로 오라 내가 너희를 쉬게 하리라.
인생은 누구나 주인을 잃으면 행복할 수 없어요.
만약에 당신이 행복을 바란다면
당신 주인 품으로 돌아가세요.
거기에 진정한 안식이 있지요.

2021년 11월 27일, 큰아들의 장로 임직식이 있었다. 그동안 하나님은 자녀들을 통해 믿음의 본을 보이셨고, 하나님의 행함을 나타내셨다. 그 어느 때보다 아들이 하나님의 일꾼인 장로로 선택된 것에 하나님께 영광을 돌렸다. 그게 참 제자의 도를 이어가는 것이다. 나는 두 명의 장로 임직식 때 축사할 기회를 얻지는 못했지만, 마음으로 하나님과 성도들에게 선포했던 내용을 적어 본다. 무엇보다 교회 안의 장로로서의 권위보다 온전히 하나님을 높여드리는 제자의 삶을 살길 축복했다.

> 오늘, 정 일 장로와 김애드 장로의 임직식을 하나님과
> 여러 증인 앞에서 축복합니다.

주님께 감사와 찬양을 올려드립니다.
은혜와 사랑이 무한하신 주님의 이름을 높이며 경배합니다.
주께서 오래전에 계획하셨던 두 사람을,
사랑의교회 장로의 직분으로 세우셨습니다.
함께 기뻐하고 축복합니다. 아멘!

주님만이 인생의 구원이시요,
생명이시요, 능력이고 자랑입니다.
주님을 따르는 자는 세상에서 고난을 받아도
오히려 세상 것을 두려워하지 않고
담대하여 오직 주님을 더 사랑합니다.
주께서 모든 적을 물리치시고
그 대적자들을 멀리멀리 옮겼나이다.

이스라엘의 거룩하신 주께서는
졸지도 아니하시고 잠을 자지도 아니하시며
자기 백성을 지키시고 인도하십니다.
주는 온 천하에 주재하시는 만왕의 왕이십니다.

성도들이여!
영광의 주님께 찬양합시다.
감사함으로 구원의 생수를 마시며
구세주 예수를 온 세상에 전파할지어다.
우리는 선포합니다.

주님은 장로를 세우시고 교회를
굳게 세우는 일을 맡기셨습니다.
복음을 기업으로 주시고 열심히 일하게 하셨나이다.
땅의 기름진 것으로 먹이시며 보호하시되
밤에는 불기둥을 낮에는 구름 기둥으로 보호하시고,
이 세상 속에서 구별하여 인도하십니다. 아멘!

나가는 말

　자랑거리가 있는 이는 복되고 행복한 사람일 것이다. 하지만 자랑거리가 될 만한 가치가 있어야 한다. 그렇지 못하다면 자랑하다가 오히려 부끄러움을 당하게 된다.
　성경을 통해 알게 된 것은, 하나님은 인간을 위해 창세로부터 지금까지 은혜의 홍수를 부어 주셨다는 것이다. 그 은혜가 얼마나 위대하고 대단한지 알고 나면 감탄이 나온다. 성경 말씀을 스스로에게 비추어 나 같은 죄인이 또 있을지 자문하다 보면 저절로 주님의 은혜에 감사하게 된다. 주님은 내 인생 최대의 자랑거리다.
　성경은 창세로부터 오늘날까지 이어져 오고 있다. 그 절대 원리는 예수께서 저 같은 죄인을 용서하시고 살리시기 위해 이 땅에 오셨다는 것이다. 하나님이 우리 인간을 어떻게 얼마나 사랑하시기에 인간의 죄를 위해 죽으러 오신다는 것인지, 성경은 이렇게 말씀하고 있다.

　　우리가 아직 죄인 되었을 때에 그리스도께서 우리를 위하여 죽으심으로 하나님께서 우리에 대한 자기의 사랑을 확증하셨느니라 (롬 5:8).

　또한, 다음과 같이 덧붙이셨다.

> 그런즉 누구든지 그리스도 안에 있으면 새로운 피조물이라 이전 것은 지나갔으니 보라 새것이 되었도다(고후 5:17).

누구든 예수 그리스도를 만나기만 하면 새사람으로 거듭난다는 것이다. 이전 것은 다 잊겠다는 말씀이다. 의로운 사람이 된다는 것이고 하나님 자녀의 특권을 얻는다는 희망적인 메시지다.

과거를 돌아보면 늘 실망스럽고 앞길이 보이지 않았다. 하지만 그분을 통해 담대해지고 평안을 얻고 비전을 얻게 되었다.

이 책은 십자가 앞에 나를 내려놓고 믿음으로 살면서 기록한 역사다. 그런 은혜를 받고도 침묵하고 있으면 주님께 너무 죄송할 것 같았다. 내 자신이 예수님을 위해 좀 더 진실하게 믿고 그에 맞게 살아보려고 다짐할 때마다 넘어지고 망신당했지만, 예수님은 다시 내 손을 잡아 주셨다. 나 같은 죄인을 용서해 주시고 받아주시는 주님께 늘 이렇게 찬양으로 고백한다.

> "천부여 의지 없어서 손들고 옵니다.
> 주 나를 박대하시면 나 어디 가리까"

주님의 사랑과 은혜를 자랑하고 살고 싶은 것이 나의 마지막 소망이다. 어떤 형편에 처할지라도 예수께 나오면 희망과 평안을 누리게 되었던, 지나온 삶을 부끄러운 모습 그대로 드러내었다.

요한복음 8장 1-11절에 보면, 간음하다가 현장에서 잡힌 여인이 바리새인과 서기관들에게 끌려서 예수 앞에 왔다. 율법에 의하면 이 여인은 돌에 맞아 죽어야 마땅했다. 비록 오는 건 끌려서 왔지만, 결말은 그리스도 덕분에 구원을 얻게 되었다. 예수 앞에 서게 되었을 때 여인은 용서받고 목숨을 건지게 되었다.

예수님은 이 여인에게 다음과 같이 말씀하셨다.

> 나도 너를 정죄하지 아니하노니 가서 다시는 죄를 범치 말라(요 8:11).

사람의 내면을 깊숙이 들여다보면 이 여인보다 의로울 자가 아무도 없다. 스스로 의인이라 자처하는 서기관과 바리새인들도 예수님의 물음 앞에 답을 찾지 못하고 돌아섰다. 한 끗 차이로 우리도 모두 죄인이다.

그러나 간음한 여인처럼 죄를 범했어도 주님 앞에 나오면 살길이 생긴다. 세상과 인간의 모든 문제의 주인은 오직 그분뿐이기 때문이다.

요한복음 4장에 출연한 우물가의 여인 또한 남편이 다섯인 수치스러운 여인이었다. 하지만 예수 앞에 서면서 완전히 증거하는 다른 사람으로 변화되었다. 자기 수치를 내던지고 마을 한가운데서 그리스도를 증거하는 복음의 사람이 된 것이다. 이렇듯 누구나 예수를 만나면 복음을 증거하는 자가 된다.

인간의 내면에는 선한 것이 없다. 모두 원죄를 가지고 태어난 죄인으로 하나님의 저울로 재었을 때 조금의 차이도 없다. 한 사람도 예외 없이 죽음 후 하나님의 심판대 앞에서 지나왔던 삶을 재조명하게 될 것이다. 그때 인생의 삶을 어떻게 살아왔는지 천천히 검증하는 시간을 만나게 된다.

그때 나는 주님 앞에 겸손히 말하고 싶다. 그분 앞에 서서 "주님 덕분에 행복했고 사랑했고 감사했다"고 고백하길 원한다.

끝으로, 나의 사랑하는 아내에 대해 언급하고 싶다. 남편의 사업이 망했을 때 가족들에게 어려운 문제로 불화가 생기게 되면 하나님께 영광을 가린다는 마음으로 말없이 헌신적으로 끝까지 밀어주었다. 이 책을 통해서 아내에게 진심으로 감사한다고 말하고 싶다. 사랑하는 가족은 어떤 역경도 이길 힘이 되어 주었다.

그리고 하나님은 노년의 선물로 두 아들의 사업을 축복해 주시고 현숙하고 아름다운 며느리들과 손자 손녀들을 허락하셨다. 가족이 모두 모이면 열 명이나 되는, 대가족으로 번창하게 해 주셨으니 그야말로 아브라함의 축복을 받았다고 말할 수 있다. 이 모든 것은 하나님께서 나에게 보너스로 주신 은혜다.

지나온 시간을 더듬어 보면 고난의 굴곡 속에서 롤러코스터를 타는 것 같았다. 하지만 하나님은 험난한 인생 속에서 십자가의 보혈로 내 눈물을 닦아주셨고, 결국엔 기쁨과 평안의 선물을 안겨 주셨다.

그래서 지금 예수 그리스도가 없이는 내 인생의 페이지를 한 줄도 써 내려갈 수가 없다.

이 책은 인간 정승식이 아닌, 나를 온전한 자녀로 삼아 주신 주님의 필체로 써 내려간 반전의 서사시다. 감사의 고백을 담을 길 없어 이 책의 끝에나마 그분을 향한 마음을 이렇게 쏟아내 본다.

"주님, 사랑합니다!
나의 힘이 되시고 방패 되신 주님을 찬양합니다."